Ursula Schmidt

Stadtbeschreibungen

bei Wilhelm von Tyrus und Marco Polo

Nachdruck des Manuskripts von 1972

Verlag: Bacarasoft
Bad Harzburg, bacarasoft.de
ISBN: 978-3-945222-10-2

Die Deutsche Nationalbibliothek
verzeichnet diese Publikation in der
Deutschen Nationalbibliografie;
detaillierte bibliografische Daten sind
im Internet über http://dnb.ddb.de
abrufbar.

Ursula Schmidt studierte in Göttingen, Aix-en-Provence und Münster/W. die Fächer Germanistik, Alte und Neuere Geschichte, Philosophie und Pädagogik. Die vorliegende Arbeit folgt dem ungedruckten Manuskript vom Mai 1972. Dieses wurde von Prof. Dr. Theuerkauf als schriftliche Hausarbeit zum ersten Staatsexamen angenommen.

Ziel der Arbeit:

Die Beschreibungen von Städten in mittelalterlichen Quellen sind bisher kaum untersucht worden. Hier werden die „Kreuzzugsgeschichte" von Wilhelm v. Tyrus, dort im 12. Jahrhundert Erzbischof und somit Zeitgenosse der von ihm beschriebenen Kreuzzüge, und die „Weltbeschreibung" von Marco Polo, venezianischer Kaufmann auf Orientreisen im 13. Jahrhundert, auf die Beschreibungen von Städten hin untersucht und verglichen. Zunächst werden beide Quellen kritisch vorgestellt, danach die Definition von „Stadt" herausgearbeitet und die Beschreibungen erläuternd kommentiert. Die Ergebnisse für beide Werke werden dann an einzelnen Städten überprüft. Hierzu werden andere zeitgenössische Quellen zum Vergleich herangezogen. Danach wird anhand moderner Charakterisierungen von Stadtlandschaften überprüft, inwieweit die mittelalterlichen Autoren nach moderner Einschätzung den typischen Erscheinungen der vorderasiatisch-islamischen, der persischen und der chinesischen Stadt gerecht geworden sind. Als besonders sprechend erwiesen sich dabei Jerusalem einerseits und Hangzhou andererseits. Beide Autoren zeigen nach moderner Einschätzung nur zum kleinen Teil dem Stadttyp angemessene Beschreibungen. Die Abweichungen sind aber unterschiedlich erklärbar: Wilhelm v. Tyrus ist eher dem spätantiken christlichen Städtelob verpflichtet, Marco Polo hingegen trifft den chinesischen Stadttyp durchaus, da er sehr modern anmutende funktionale Wesenszüge für eine Stadt formuliert und sich damit deutlich von spätantik-mittelalterlichen Bindungen absetzt.

Inhalt

1. Vorbemerkungen zum Stand der Erforschung mittelalterlicher Stadtgeschichte

Das Problem „Stadt" hat in den letzten Jahren eine Lawine von Schriften, Aufsätzen, Tagungen und Kongressen ausgelöst, die eine Übersicht über den Stand der Literatur sehr erschwert. Darum sei hier nur eine grobe Orientierung gegeben:
Zunächst ist der gesamte Komplex historischer Arbeiten von dem gegenwartsbezogenen geographischen und dem zukunftsgewandten architektonischen Standpunkt zu sondern.[1]
Hier hebt sich wiederum die Erforschung mittelalterlicher Stadtgeschichte deutlich von den Forschungen der Vor- und Frühgeschichte ab, die in erster Linie nach dem Grund der Entstehung städtischer Lebensformen, nach dem Ort und der Zeit dieses Entstehens sucht.[2] Die heute vorherrschende Richtung in der

———————————

[1] Beispielweise für beide Richtungen seien genannt:
    a) Hofmeister, Burkhard   Stadtgeographie
                                     Braunschweig 1969,
        Schöller, Peter (Hrsg)   Allgemeine Stadtgeographie
                                       Darmstadt 1969 (WdF 181)
    b) Boettger, Alfred/Pflug, Wolfram u.a.
                                     Stadt und Landschaft - Raum und Zeit
                                     FS für Erich Kühn
                                     Köln 1969
[2] Z.B. bei den Ausgrabungen in Çatal Hüjük und Haçilar:
Mellaart, James   Earliest Civilisations of the Near East
                           London 1965
 und in Mersin:
Garstang, John   Prehistoric Mersin
                           Oxford 1953
Narr, Karl J.   Frühe stadtartige Siedlungen - Fragen der Begriffsbestimmung
                         in: Studien zur europäischen Vor-- und Frühgeschichte
                         Neumünster 1968 S. 373 ff.

mittelalterlichen Stadtgeschichtsforschung scheint mir dagegen nicht mehr die Frage nach der Entstehung des Städtewesens zu sein [3], sondern vielmehr *das* Bemühen um eine treffende Typisierung und Periodisierung der auftretenden Stadtformen.[4]

Etwas abseits liegen dagegen Versuche, schon früh zu einer „ganzheitlichen" Betrachtungsweise des Phänomens „Stadt" zu gelangen, die auf einer kombinatorischen Methode und damit auf der Zusammenarbeit von Geographen, Rechtshistorikern, Kunsthistorikern, Wirtschaftshistorikern und Vertretern der Geistesgeschichte beruhen müsste, wie sie Walther Gerlach für seine „Stadtgestaltungsforschung" forderte. [5] Aber auch bei ihm ist meines Erachtens der geistesgeschichtliche Aspekt nicht genügend berücksichtigt. Der Reflex des zeitgenössischen Menschen, des Bewohners und Betrachters der Städte, auf diese Umwelt, seine realistische, phantasievoll deformierende, künstlerische wie symbolische Darstellung der Stadt werden kaum in Betracht gezogen. So kann Werner Müller feststellen:

---

[3] Dagegen: Bischoff, Johannes
　　　　　　　Die Gründung der Altstadt Erlangen als Stützpunktstadt Karls IV.
　　　　　　　in: Zs f. bayr. Landesgeschichte 32　1969　　　　S. 104 ff.
„In den letzten Jahrzehnten hat sich die Städtegeschichtsforschung vornehmlich mit dem Thema der Anfänge und Entstehung des Städtewesens überhaupt befasst." (s. 104)
[4] S. bei Bischoff, J. aaO die Einteilung in Mutterstädte , Kleinstädte, Minderstädte.
Dazu auch:
Stoob, Heinz　　　　Minderstädte, Formen der Stadtentwicklung im Mittelalter
　　　　　　　in: Vjs f.Sozial- u. Wirtschaftsgeschichte 46
　　　　　　　1959　S. 1 ff.
[5] S. bei Gerlach, Walther　　　　Stadtgestaltungsforschung
　　　　　　　in: Studium Generale 16　1963
　　　　　　　S. 323 ff., (hier: S. 323)

„Mittelalterlicher Stadtforschung {...} fehlt etwas Ähnliches [„Gefühl für seelische Landschaften"] ganz. Eingezwängt in die juristischen, ökonomischen und politischen Kategorien, hat sie seelische Unterströmungen kaum je ins Auge gefasst." [6]

In seiner Untersuchung analysiert er daher nicht die „Erinnerung an die Wirklichkeit"[7] der Städte, sondern die in viel tiefere Bewusstseinsschichten reichenden Symbole für Stadt in verschiedenen Kulturen. [8]

Die Auswahl gerade der symbolischen, rein zeichenhaften Stadtbeschreibungen engt den allgemeinen künstlerischen Rahmen schon stark ein. Pierre Lavedan [9] greift sich dagegen den ikonographischen Bereich heraus, während die literarische Variante von Stadtdarstellungen bisher lediglich für die moderne Literatur zum Forschungsobjekt geworden ist. [10]

---

[6] Müller, Werner   Die heilige Stadt
                         Stuttgart   oJ   (1961), (hier: S.5)

[7] aaO S. 56

[8] Seine Schlussfolgerung ist: „Nicht ohne Grund erscheint es (das Urbild der Stadt als geviertelter Kreis) in frischem Glanze mit dem heraufkommenden mittelalterlichen Städtewesen, und auch in den römischen, hinterindischen und altjüdischen Siedlungskosmologien hallt jene Epoche nach, da der Mensch in **seiner** Stadt noch **seine** Welt erkannte und sie als einen geordneten Kosmos begriff innerhalb des ungeordneten Chaos." (Hervorhebung vom Autor) (aaO S. 227)

[9] Lavedan, Pierre   Représentation des Villes dans l'Art du Moyen Age
                         Paris 1954

[10] Vor allem für den Expressionismus:
Rölleke, Heinz   Die Stadt bei Stadler, Heym, und Trakl
                         oO   oJ (Berlin 1966)
                         (Philolog. St. U. Q. Heft 34)

In der vorliegenden Arbeit möchte ich nun diesen Aspekt von Stadtbeschreibungen in mittelalterlicher Literatur herausstellen. Da also, soweit ich die Sekundärliteratur übersehe, dieses Thema noch nicht bearbeitet ist und sich nur die Arbeit Lavedans meiner Absicht annähert, seien hier die Erwartungen für seine Untersuchung vorangestellt:

„L'étude des vues urbaines dans l'art du Moyen Age est intéressante à plus d'un titre. Le parti qu'en peut tirer l'histoire locale est évident: elles sont une des sources de notre connaissance topographique, elles nous révèlent l'aspect ancient d'un monument, nous restituent la physignomie de la cité à certaine date. Mais elles n'importent pas moins à l'histoire de l'art en général et même à l'histoire de l'esprit humain. Il y a des peintres de villes, comme il y a des portraitistes d'homme e de femmes. A côté des vues exactes, il y a le déformations, en face des vues réelles, les imaginaires, et ce ne sont pas toujour les moins intéressantes."[11]

Ohne der Äußerung Zwang anzutun, lässt sie sich vollgültig auf eine Analyse literarischer Stadtbeschreibungen übertragen: neben der historischen Kenntnis der Lokalitäten steht als Problem der Grad der Realitätsbezogenheit des jeweiligen Schriftstellers. Dieses Letztere soll im folgenden an zwei mittelalterlichen Schriftstellern untersucht werden, die beide im Bild der Forschung als „Realisten" angesehen und verwertet werden, Wilhelm von Tyrus und Marco Polo.

Die beiden zu Grunde liegenden Quellen, die Kreuzzugsgeschichte Wilhelms und die Weltbeschreibung Marcos, stammen von Autoren, die einer verschiedenen Zeit angehören und verschiedenen Gattungen verpflichtet sind. Ihre Beschreibungen werden geeint durch ihr Objekt, Länder mit sehr alter Stadtkultur – getrennt durch die große räumliche Entfernung eben

---

[11] Lavadan, P   aaO S.7

dieser Objekte, was zu einer fruchtbaren Spannung führen könnte.

Der Mangel an grundlegenden Arbeiten legt es nahe, zunächst rein empirisch zu verfahren. Es wird daher nach einer Vorstellung von Autoren und Werken der jeweilige Text der Stadtbeschreibungen kurz wiedergegeben werden müssen; eine immanente Textinterpretation soll die Interessenlagen und die Differenzierungsfähigkeit der Autoren kenntlich machen. Dann allerdings ist es notwendig, um überhaupt die Möglichkeit einer Wertung zu eröffnen, weiteres Material vergleichend an die gewonnenen Ergebnisse heranzutragen. Dieses Material wird einerseits von anderen zeitgenössischen Quellen, andererseits von der modernen Forschung ausgehen. In der Gegenüberstellung beider Autoren soll schließlich versucht werden, ihre Beschreibungsart und damit den Typ „ihrer" Stadt zu charakterisieren.

2.   Autoren und Werke

2.1   Wilhelm von Tyrus

2.11   Das Leben des Autors

Der übliche Bescheidenheitston wie wohl auch eine diesem Autor stets eigene Zurückhaltung führten dazu, dass nur höchst selten Anmerkungen persönlicher Art in sein Geschichtswerk eingeflossen sind. Die Bemühungen, seine Persönlichkeit zu erhellen, mussten also neben einem sehr sorgfältigen Lesen des Werks auf andere, vor allem amtliche Zeugnisse im Königreich Jerusalem zurückgreifen. Die entscheidenden Untersuchungen anhand derartiger Quellen stellen die „Studien über Wilhelm von Tyrus" von Hans Prutz dar [12]; sie sind trotz des zeitlichen Abstands im Kern nicht überholt worden, da abgesehen von der Diskussion um die Nationalität der Eltern des Dichters [13] weitere Forschungen kaum betrieben wurden. Folgende Lebensstationen lassen sich mit Prutz nachzeichnen:

Um 1130 im Heiligen Lande selbst, eventuell direkt in Jerusalem, als Sohn fränkischer, wohl bürgerlicher Eltern geboren, erhielt Wilhelm eine gute Erziehung, die sich in seiner umfassenden Belesenheit antiker Autoren und in seiner Sprachenkenntnis zeigt [14]. Zu seiner Bildung scheint auch nicht unwesentlich ein erwähnter Besuch zu Studienzwecken im Abendland beigetragen zu haben. Von dort seit etwa 1163 zurück, wird Wilhelm Domherr in Tyrus und bald darauf Mitglied der königlichen Kanzlei. Er muss bald das Vertrauen König Amalrichs erworben haben; denn schon 1168 sehen wir ihn als Gesandten in Konstantinopel bei Kaiser Manuel, schon 1169 oder 1170 als Erzieher des Kronprinzen Balduin. Als dieser 1173 mit nur knapp dreizehn Jahren zum König ernannt wird, erhebt er Wilhelm zum Kanzler (1174) und bei Sedivakanz des erzbischöflichen Stuhls in Tyrus auch dort zum Erzbischof (1175). Nun schließt sich eine rege politische

---

[12] Prutz, Hans   Studien über Wilhelm von Tyrus
                        in: NA 8   1883   S. 93 ff.
[13] S. etwa Ost, Franz   Die altfranzösische Übersetzung der Geschichte
                               der Kreuzzüge Wilhelms von Tyrus
                               (Diss. Phil.) Halle 1899

[14] Neben geläufigem Arabisch sprach er auch hebräisch und persisch.

und kirchenpolitische Tätigkeit Wilhelms an. So wohnt er 1178 dem Laterankonzil in Rom bei, und es spricht für sein außerordentliches Ansehen, dass er sogar zum Schreiber des amtlichen Berichts erwählt wird. 1179 ist Wilhelm wieder in Konstantinopel, 1180 zurück in Syrien, wo er immer häufiger bei dem schwer an Lepra erkrankten König in Akkon weilt. Die letzte urkundliche Erwähnung Wilhelms stammt vom Frühjahr 1183; sein Tod ist wohl vor dem Sommer 1184 [15] anzusetzen. Ob er durch Gift in Rom gestorben ist oder nicht, sei dahingestellt.

Dieser Abriss ist in jüngerer Zeit nur in einer Hinsicht ergänzt worden. R.B.C. Huygens [16] war auf den Umstand aufmerksam geworden, dass das Kapitel 12 des 19. Buches der Kreuzzugsgeschichte Wilhelms zwar in den Überschriften meist dem Titel nach vertreten ist [17], aber in allen Ausgaben ungeklärterweise der Text fehlt. Diesen Text konnte der Forscher in einer einzigen Handschrift aufspüren.[18] Neben den zahlreichen, zum Teil berühmten Lehrern Wilhelms im ganzen Abendland findet sich darin auch die Angabe eines rund zwanzigjährigen Studienaufenthaltes Wilhelms in Europa. Das gibt zu verschiedenen Rückschlüssen Anlass. Es muss sich bei der Familie Wilhelms um Angehörige eines finanziell sehr gut situierten Bürgertums gehandelt haben. [19] Außerdem lässt sich der

---

[15] Nach unruhigen Machtkämpfen infolge des Todes König Balduins war schließlich doch die von Wilhelm geförderte Partei mit Raimund von Tripolis an die Macht gekommen; trotzdem wird am 1. Juni 1184 ein neuer Kanzler erwähnt, was nur Wilhelms Tod bedeuten kann. (Prutz, Studien aaO S. 104)

[16] ders.　　　　Guillaume de Tyr étudiant
　　　　　　　　in: Latomus 21　　1962　S. 811 ff.

[17] Nämlich: „Describitur compositoris huius historie ad patriam reditus et de eius processu aperiuntur nonnulla."

[18] Im Vatikan lat. 2002 (13. Jhd.). Text bei Huygens　aaO S. 822 ff.

[19] Huygens　aaO　S.814

chronologische Ablauf weiter eingrenzen: „En 1144, Guillaume n'était pas encore parti, tandis qu'en l'été 1163, il n'était pas encore revenu."[20]
Wilhelm hat damit seine ganze Jugend im Abendland verbracht.

2.12   Wilhelm von Tyrus als Historiker

Wilhelm hat nach eigenen Aussagen zwei historische Werke verfasst, die „Gesta orientalium principum" und die „Historia rerum in partibus transmarinis gestarum". Das erste Werk, das wohl fast ausschließlich auf arabischen Quellen beruhte, ist nicht überliefert worden und nur in Bruchstücken restaurierbar [21]. Das zweite Werk, früh vom Abendland übernommen, betitelt [22] und fortgesetzt, ist in mehreren Handschriften vorhanden [23] und dient so allein zur Beurteilung des Verfassers als Historiker, wie sie am einlässlichsten von A. Krey versucht worden ist [24].

---

[20] Huygens   aaO S. 819
[21] Prutz, Studien   aaO S. 108 ff.
[22] Ersichtlich an dem Begriff "transmarinis", wo Wilhelm doch in Syrien weilte
[23] Historia rerum in partibus transmarinis gestarum a tempore successorum mahumeth usque ad annum domini MCLXXXIV edita a venerabili Willermo Tyrensi Archiepiscopi
in: Recueil des Historiens des Croisades
    Historiens Occidentaux t.1 T. 1-2 Paris 1844,
 zitiert wird nach Seitenzahlen dieser Ausgabe.
[24] Krey, A. C.   William of Tyre. The making of an Historian in the Middle Ages
            in: Speculum 16   1941 S. 149 ff.

Ausgehend von der Tatsache, dass Wilhelm durch König Amalrich zur Beschäftigung mit der Historie angeregt und darin gefördert wurde, entwickelt Krey verschiedene Stufen schriftstellerischer Absicht bei Wilhelm.

Grundsätzlich wird zunächst ein nur nebensächliches Interesse für die Geschichte bei Wilhelm postuliert. [25]

1.Stufe: bis 1174

Wilhelm ist königlicher Diener, der zur Unterhaltung seines Königs und dessen Hofes Geschichtswerke verfasste.[26].

2.Stufe: bis ca. 1180

Obwohl Erbauung als Ziel des Schreibens noch eine große Rolle spielt, wächst bei Wilhelm das Bedürfnis, auch zu unterrichten.[27]

Hiernach setzt Krey einen mir unerweisbaren Rückzug Wilhelms ins Privatleben an, der die nächste Phase begründen soll:

---

[25] „His work as an historian was almost accidental and quite incidental to the major interest of his life [Patriarch von Jerusalem zu werden]."
(Krey aaO S. 149)

[26] „His status was that of a literary client serving a royal patron. He was composing history for the edification and entertainment of the King and his court." (Krey aaO 5. 154)

[27] „Though he was still writing primarily to entertain and edify his royal and courtly audience, he was now, also, and increasingly so, writing to inform and instruct as well."
(Krey aaO S. 156)

3. Stufe: bis ca. 1182

Wilhelm schreibt jetzt als kompetenter Beobachter, doch ist er selbst nicht mehr
beteiligt.[28] Jetzt wird die gesamte Christenheit zu seinem Publikum.

Darauf soll Wilhelm das Werk abgebrochen haben - er überarbeitet den Anfang -
und 1183 noch einmal angefangen haben; jedoch stirbt er wenig später.

Es war nötig, so ausführlich auf diese Darstellung einzugehen, weil sie meines
Erachtens die erwiesene Tatsache einer „ruckweisen" Ausarbeitung der
Kreuzzugsgeschichte Wilhelms [29] völlig überinterpretiert. Die verschiedenen
Intentionen, die Wilhelm verfolgt haben soll, lassen sich wohl als mögliche Folgen
seines Abhängigkeitsverhältnisses vom König konstruieren, doch spricht nichts im
Werk für eine echte Scheidung solcher Haltungen. Was etwa die Erbauung eines
aristokratischen Publikums betrifft, so hätte Wilhelm dieses Ziel sicherlich verfehlt.
Denn weder hebt seine „Historia" in panegyrischem Stil nur die Taten seines
Königshauses hervor, noch weckt sie Illusionen über die kämpferische Leistung der
Franken im Heiligen Land überhaupt. Sollte in seiner logisch-sachlichen
Berichterstattung [30] die Wirkung der Erbauung gelegen haben, so wäre diese
allerdings nur in Nuancen von einer belehrend-informativen Intention zu
unterscheiden.

---

[28] „His position, now, was that of a detached observer, more competent than ever before, but
less involved." (Krey aaO S. 158)
[29] Prutz, Studien aaO S. 116 ff.
[30] Prutz, Hans   Kulturgeschichte der Kreuzzüge Innsbruck 1883 (hier: S. 465)

Die Sprache Wilhelms bleibt dagegen nicht so sachlich. Sie stellt ein Gemisch von biblischer Tonlage, Zitaten antiker Schriftsteller und einem „gewisse(n) volkstümliche(n) Zug"[31] dar, die Wilhelm zu einem der „rhetorischsten Geschichtsschreiber des Mittelalters" macht.[32]. Diese Tatsache aber dürfte kaum den Wert des Historikers Wilhelm beeinflussen. Dementsprechend rüttelt auch bei Krey die Erkenntnis verschiedener Absichten Wilhelms keineswegs an den Vorzügen der Kreuzzugsgeschichte. Diese sind vor allem: Unvoreingenommenheit, der weite Horizont, der logische Gang der Überlegungen.[33]

Auf diese Weise schließt sich Krey wieder an die herkömmliche Einschätzung Wilhelms in der Literatur an; denn es ist üblich, ihn als hervorragenden Kenner und Berichterstatter der ersten Kreuzzüge anzusehen, meist in ganz allgemeiner Würdigung, wobei vermutlich die Ausschöpfung der Quelle als Informationslieferant die Hauptrolle spielt. Huygens weist darauf deutlich hin:

„Parmi tout d'historiens doués dont le passé nous a légué les oeuvres, Guillaume de Tyr nous apparaît comme le meilleur non seulement de l'époque des Croisades, mais peut-être de tout le moyen âge latin. Il n'y a d'étude d'ensemble

---

[31] Prutz, Studien   aaO   S. 121
[32] aaO S. 123
[33] Krey,   aaO   S.162

sur les principautés chrétiennes en Terre Sainte, pas d'aperçue, même sommaire, qui ne le citent continuellement."[34]

Damit wird die „Historia" so offensichtlich wie unausgesprochen als eminent realitätsgebundene Schilderung der Zustände und Vorgänge der Kreuzzugszeit bewertet. Dieses Urteil soll sicher auch für die Stadtbeschreibungen Wilhelms gelten, die aus dem Zusammenhang des Werkes bis heute noch nicht herausgehoben worden sind. Peter Knoch z.B., der sonst nicht auf Wilhelms Darstellungsart eingeht, bemerkt hierzu: „Er [Wilhelm] beschreibt

---

[34] Huygens,   aaO   S. 811. Ebenso werten:
Cahen, Claude   La Syrie du Nord à l'époque des Croisades
                       Paris 1940
„C'est(„Historia") , en revanche, une des oeuvres les plus remarquables du moyen-âge."(S.17)
Probst, Hermann   Die geographischen Verhältnisse Syriens und Palästinas
                       nach Wilhelm von Tyrus, Geschichte der Kreuzzüge
                       2 Teile Leipzig 1927
Wilhelm von Tyrus nimmt „ohne Frage eine hervorragende Stelle ein" zur Erkenntnis der geographischen Zustände. (S 3)
Manitius, Max   Geschichte der lateinischen Literatur des Mittelalters
                       Bd. 3 München 1931
Die „Historia" ist „nicht nur die umfassendste, sondern auch die bedeutendste Leistung auf dem Gebiet der Kreuzzugsgeschichte." (S. 433)
Es ist daher um so mehr verwunderlich, wie knapp die Auseinandersetzung mit dieser Quelle in den meisten Kreuzzugsdarstellungen gehalten wird. So fehlt sie zum Beispiel völlig bei:
Röhricht, Reinhold   Geschichte der Kreuzzüge im Umriss
                       Innsbruck 1898,
Grousset, René   Histoire des Croisades et du Royaume Franc de Jérusalem
                       3 Bde Paris 1934-36,
aber auch bei
Grundmann, Herbert   Geschichtsschreibung im Mittelalter
                       Göttingen 1965 (!)

Städte und Landschaften aus eigener Kenntnis" [35]; wie auch Prutz gerade in diesen Fällen Wilhelms proklamierte Augenzeugenschaft gelten lassen will.[36]

2.13 Die „Historia"

Die Geschichte Wilhelms von Tyrus stellt einen chronologisch aufgebauten Abriss der Geschichte Palästinas von der Zeit Mohammeds und der islamischen Eroberung bis 1184 dar. Das Werk ordnet sich in 23 Bücher mit je 25 Kapiteln im Schnitt, deren Überschriften dem Leser die Orientierung erleichtern sollen.[37] .Im Prolog, mit dem Wilhelm alle seine Brüder in Christo grüßt, die dieses Werk lesen, gibt er die Absicht seiner Geschichte zu erkennen. Sein Anliegen ist danach, die leicht in Vergessenheit geratenden Jahre der Vergangenheit für die Nachwelt festzuhalten.[38] Geleitet wird er bei dieser Aufgabe von der unumgänglichen Pflicht zur Aufrechterhaltung der Wahrheit, veranlasst hat ihn seine Vaterlandsliebe.[39] Dabei beteuert er im üblichen

---

[35] Knoch, Peter   Studien zu Albert von Aachen
            Stuttgart oJ (1966)
            (Stuttgarter Beiträge zu Geschichte und Politik 1) (hier: S.42)
[36] Prutz, Studien   aaO S 129
[37] „quo lectoris facilius quicquid de articulis historiae sibe videret necessarium occurat" („Historia" aaO S.4)
[38] „(...) sed (...) posteritatis memoriae conserventur "(ebda)
[39] „sed urgentissimus instat amor patriae" (ebda)

Bescheidenheitston die Unfertigkeit seiner Darstellung, besonders in sprachlicher Hinsicht.[40]

Problematisch für die folgenden Untersuchungen scheint zunächst die unleugbar starke Abhängigkeit Wilhelms von anderen Autoren zu sein. So hat er neben antiken Autoren wie Orosius, den er selbst nennt, Raimund von Aguilers, Fulcher von Chartres, Balderich von Dol [41] und wahrscheinlich viele andere, uns zum Teil unbekannte Vorlagen benutzt.

Ich bin aber der Meinung, dass einer Analyse der Interessenlagen und der Differenzierungsfähigkeit bei Stadtbeschreibungen ein derartiges Schreibverhalten nicht entgegensteht; denn es handelt sich bei Wilhelm nicht um uneigenständiges Kompilieren, sondern um eine Kontamination, die auf „ziemlich freie (m) Eklektizismus" [42] beruht und sogar eigenwilliger Kritik an den Vorlagen nicht entbehrt. Eine freie Auswahl aus Vorbildern aber lässt auch die Schwerpunktsetzung und die Beobachungsvielfalt in Beschreibungen als Ausdruck persönlicher Entscheidung des Autors erschließen.

---

[40] „{...} jecimus fundamenta, quibus sapientior architectus, observata veritatis regula, [....] artificiosa magis poterit superaedificare triclinia." („Historia" aaO S. 4)

[41] Knoch   aaO S. 29 ff.

[42] Prutz, Kreuzzugsgeschichte   aaO S. 468

2.2   Marco Polo

2.21   Leben und Reisen Marco Polos

Das Leben Marco Polos ist mit seinen Reisen wie mit seinem Werk sehr eng
verknüpft; denn fast die Hälfte seines Lebens verbringt er im östlichen Asien, wovon
nur seine eigenen Aufzeichnungen Zeugnis ablegen.
Die erste Biografie, die wenigstens teilweise über den Reisebericht selbst
hinausgeht, verfasste schon Giovanni Baptiste Ramusio, der eine „Ausgabe" des
Poloschen Reiseberichts dem zweiten Band seiner „Navigazioni et Viaggi" einfügt.[43]
Doch seine wenigen Angaben, die vor allem die Familiengeschichte der Polos bis
1417 betreffen, zeigen neben richtigen Anmerkungen viele Fehler und sagenhafte
Einlagen [44], so dass es gestattet sei, hier gleich auf die umfangreichen
Nachforschungen Sir Henry Yules einzugehen.

[43] Ramusio, Giovanni Baptiste   Navigazioni et Viaggi
                                         Bd 2   Venedig 1559
[44] Yule, Sir Henry   The book of Ser Marco Polo
                              3. durchgesehene Auflage hrsg. v. Cordier, Henri
                              3 Bde London 1921
                              (hier: S.8 Anm. 1) Ebenso:
Moule, A. C. u. Pelliot, Paul
                              Marco Polo. The description of the world
                              2 Bde   London 1938   (hier: Bd 1, S. 22 ff.)

Es lassen sich anhand venezianischer Dokumente Züge der Familiengeschichte der Polos bis ins elfte Jahrhundert zurückführen [45], urkundlich sicher belegt ist jedoch erst der Großvater Marcos, Andrea Polo. Seine drei Söhne, Nicolo, Maffeo und Marco (der Ältere), sind alle im Handel tätig gewesen, der letztere wohl sesshaft in Konstantinopel. Nicolo und Maffeo unternahmen bereits in den sechziger Jahren des 13. Jahrhunderts eine längere Handelsreise, auf der sie erstmals bis nach Karakorum verschlagen wurden. Als sie nach neun Jahren 1269 nach Venedig zurückkehren, treffen sie Marco, Nicolos Sohn, fünfzehnjährig an; doch wird gleichzeitig behauptet, während der neunjährigen Abwesenheit der Männer sei Nicolos Frau bei der Geburt Marcos gestorben. Die zeitliche Diskrepanz klärt sich auf, wenn man die letzte Aussage nicht auf Marco, sondern auf einen jüngeren Bruder Marcos, Maffeo, bezieht. Demnach ist Marco um 1254 in Venedig als ältester Sohn wohl adliger Großkaufleute geboren. 1271 bis 1295 hält sich Marco mit Vater und Onkel in Asien auf; man nimmt an, dass sie 1275 in China am Hof Kubilai Khans ankamen, weil vorher in den chinesischen Akten der Name Polo unbezeugt[46] bleibt. Marco rückt schnell in eine

---

[45] Im Folgenden stütze ich mich ganz auf Yule, Marco Polo   aaO Bd 1, S. 42 ff.
Die ausführliche Analyse von Orlandini, G.   Marco Polo e la sua famiglia
                                                      in:Archivio Veneto-Tridentino IX 1926   S.1 ff.
bringt für diesen knapp gehaltenen Abriss kaum Neues
[46] Yule, Marco Polo   aaO   Bd 3   S.5 ff. weist H. Cordier allerdings nach, dass schon längere Zeit vor einer möglichen Ankunft der Polos in China die chinesischen Annalen verschiedene „Puh-Lo's" erwähnen.

Vertrauensstellung am mongolischen Hof auf und wird als Beamter mit weitreichenden Aufgaben betraut. Wenige Jahre nach der Rückkehr nach Venedig um 1295 stirbt Marcos Vater, der noch zwei illegitime Söhne, Stefano und Zannino, hinterlässt.

Marco begegnet dann als Kapitän einer venezianischen Galeere im Kampf gegen Genua wieder, der 1298 mit großen Verlusten Venedigs endet. Unter den zahlreichen Gefangenen befindet sich auch Marco Polo, der seine Haft, die wohl bis zum Friedensschluss beider Städte im August 1299 dauerte, dazu nützt, einem Mitgefangenen seinen Reisebericht zu diktieren. Dieser Rusticiano (Rusticello) von Pisa dürfte ein zu seiner Zeit als Tafelrundenschriftsteller bekannter Mann gewesen sein.

Nach Marcos Entlassung ist nur noch wenig über ihn zu erfahren. Er scheint weiter Handel getrieben zu haben; es ist eine Anklage gegen säumige Kunden bekannt. Wann er heiratete, ist nicht überliefert, doch es werden in seinem 1324 abgefassten Testament zwei verheiratete und eine unverheiratete Tochter erwähnt. 1325 wird Marco als tot gemeldet.

Sein Grab ist im Gegensatz zum angestammten Wohnhaus der Polos [47] nicht bekannt. Ebenso wenig ist übrigens ein Portrait Marcos tradiert. Die weitere Familiengeschichte scheint äußerst schwer verfolgbar, da eine Verwechslung mit verschiedenen anderen Polo-Familien in Venedig nicht ausgeschlossen werden kann.

---

[47] S. die Untersuchung von Moule/Pelliot   aaO Bd 1, S. 35 ff.

Wie Wilhelm von Tyrus so pflegte man auch Marco Polo mit seiner Weltbeschreibung als besonders akkurat, d.h. realitätsnah zu apostrophieren [48], obwohl er nicht der Erste und nicht der Einzige ist, der eine Schilderung des Fernen Ostens zu dieser Zeit gegeben hat.[49]

---

[48] Chaunu, Pierre   L'expansion Européenne du
                       XIII au XV° siècle
                       (Nouvelle Clio 26 1969)
nennt Marco Polo einen "génial témoin" (S. 84). Dieses Urteil durchzieht auch fast die ganze
Gedenkschrift   „Oriente Poliano"
                     Studi e conferenze tenute all'Istitute Italiano per il medio ed estremo
                     Oriente in:
                     Occasione del VII centenario della nascita di Marco Polo (1254 - 1954)
                     Roma 1957
besonders deutlich bei:
Hambis, Louis   Le Voyage de Marco Polo en Haute Asie
                 in: Oriente Poliano S. 173 ff.
„Tout ce qu'il rapporte [...] se trouve confirmé par les observations des voyageurs modernes."
(S. 179, passim)
 Spuler, Bertold   La situation de l'Iran à l'époque de Marco Polo
                      in: Oriento Poliano S. 121 ff.
 Sastri, K. A. Nilakanta   Marco Polo on India
                              in: Oriente Poliano
                              S. 111 ff.   (hier: S. 113)
Olschki, Leonardo   Marco Polo, Dante Alighieri e la cosmografia medievale
                    in: Oriento Poliano S. 45 ff.
Er bezeichnet das Werk Marcos sogar als „la prima descrizione empirice della terra" (S. 45,
Hervorhebung von mir).
[49] Eine genauere Darstellung der Vorläufer Marcos findet sich bei:
Olschki, Leonardo   Marco Polo's Asia
                    Berkeley, Los Angeles   1960
                    (hier: S. 39 ff)

Dieses Bemühen, Marcos Schilderung als möglichst wahrheitsgetreu zu erweisen, leitet sich schon von Ramusio her, der gegen die herrschende zeitgenössische Meinung ankämpft, wie sie in dem pejorativen Beinamen Marcos „Il Milione" zum Ausdruck kommt.

Inzwischen sind dagegen auch kritische Stimmen laut geworden, die auf eine Einseitigkeit der Betrachtungsweise Marcos aufmerksam machen [50] oder auf die Mittelmäßigkeit seines Charakters wie seiner Fähigkeiten hinweisen[51].

Übereinstimmend aber erkennt man dem Werk weiterhin eine außerordentliche Weite des Horizonts zu, so dass auch diese Quelle wie die Wilhelms von Tyrus als Informationslieferant, hier für die Zustände im mittelalterlichen Persien und China, verwertet wird.[52]

---

[50] So betont etwa Hart, Henry,H.　　　Venezianischer Abenteurer
　　　　　　　　　　　　　　　　Bremen　　　oJ (1959)
den kaufmännischen Leitgedanken bei den Polos (S. 25, passim), dem aber von Olschki, Asia aaO 97 ff., energisch widersprochen wird: „He never presents himself so in his book, in which, indeed, commercial information is given only in passing; it never predominates nor does it ever reveal a particular attitude in his judgement [...]" (S. 98).

[51] Diese Tatsache stellt Yule, Marco Polo aaO Bd I, S.104 der Hochschätzung des Werkes gegenüber: „That Marco Polo has been so universally recognised as the king of Mediaeval travellers is due rather to the width of his experience, the vast compass of his journeys, and the romantic nature of his personal history, than to transcendent superiority of character or capacity."

[52] Zum Beispiel bei Olschki, Asia　aaO, der seine Untersuchung nach Aspekten der Poloschen Beschreibung, besonders den Aussagen über Religion, gliedert; die Städte sind allerdings nicht vertreten.

2.23   Die „Weltbeschreibung"

2.231   Textgeschichte

Die Entstehung des Urtextes der „Weltbeschreibung" ist zwar genau zu lokalisieren und zu datieren, doch müssen viele weitere Details des Originals immer noch als unbekannt gelten: „The question of the true text of the book is a very curious and intricate one." [53]

Die größte Schwierigkeit stellt bereits die Bestimmung der Abfassungssprache dar. Ramusio nennt das Original „lateinisch"; doch ist als sehr ungewiss anzusehen, dass Marco als venezianischer Kaufmann lateinisch diktierte. Yule versucht, aus verschiedenen Handschriften die Existenz eines französischen Originals zu erweisen.[54] Am wahrscheinlichsten dürfte eine italienisch-gallizisierende Mischsprache sein, der eine französische Handschrift am nächsten kommt, die von der Société de Géographie 1824 in Paris ediert wurde (sog. Geographischer Text).[55] Die übrigen Handschriften, von denen man bis heute etwa 120 kennt und von denen nicht zwei einander vollständig gleichen [56], sind nur in komplizierten Zusammenhängen einander zuzuordnen. So muss Yule in seinem

---

[53] Moule/Pelliot   aaO   Bd 1, S. 40
[54] Yule, Marco Polo   aaO   Bd 1, S. 82 ff.
[55] Zum folgenden s. Stemma bei Yule, Marco Polo   aaO   Bd 2, S. 552
[56] „[..]and so from the first each copyer omitted, abridged, paraphrased, made mistakes and mistranslations [...] and the result with which we have to deal is nearly 120 manuscripts of which, it is little exaggaration to say, no two are exactly alike." (Moule/Pelliot   aaO
Bd 1, S. 40)

Stemma neben dem Original noch zwei verschiedene „Korrekturlesungen" Marcos annehmen [57], von denen die umfassendere dem wichtigen Text Ramusios vorgelegen haben soll. Weiterhin ist eine zu Marcos Lebzeiten entstandene und von ihm durchgesehene französische Übersetzung anzusetzen.[58] Diese sehr unübersichtliche Lage hat Moule treffend gekennzeichnet, wenn er sagt, schon das Original sei sozusagen korrupt gewesen.[59]

Die Herausgeber stimmen allerdings darin überein, dass der Geographische Text als die älteste und der Sprache nach ursprünglichste Handschrift anzusehen ist; dass außerdem die Ausgabe Ramusios bei weitem am ausführlichsten ist, wobei zwar viele Konjekturen aus moderner Sicht eingebracht sind, doch auch viele Einzelheiten und vor allem Namen direkt auf Marco zurückgehen müssen.[60] Von diesen beiden Texten wird also eine moderne Ausgabe der „Weltbeschreibung" immer ausgehen müssen. An kommentierten Editionen, die diese Minimalforderung erfüllen [61], lagen mir zwei englische Versionen vor: die Yules und die von Moule/Pelliot. Beides sind keine kritischen Ausgaben - eine solche fehlt leider noch - und sie unterscheiden sich daher in der Art ihres Vorgehens.

Sir H. Yule hat zunächst die Handschriften „zweiter Klasse" [62] übersetzt, an den ihm richtig

---

[57] Yule , Marco Polo aaO   Bd. 2 S 552:
„A few Notes by Marco Polo","Supplementary Notes by Marco Polo".
[58] Yule, ebda: „Revised French, made for Marco Polo before 1307".
[59] Moule/Pelliot   aaO Bd 1 S. 40
[60] Yule, Marco Polo aaO Bd 1 S. 96 f.
[61] Das ist bei keiner modernen deutschen Übertragung der Fall.
[62] Yule, Marco Polo aaO Bd1, S.141 ff.

erscheinenden Stellen geglättet und gekürzt und mit dem Geographischen Text verglichen, um danach erneut Kürzungen und Glättungen vorzunehmen. Schließlich fügt er die von ihm als authentisch beurteilten darüber hinausgehenden Stellen Ramusios gekennzeichnet ein. Namensformen werden ausgeglichen, Kapitelüberschriften und die vierteilige Buchgliederung eigenständig vorgenommen. Hinzu kommt ein weitläufiger und abbildungsreicher Kommentar. Moule/Pelliot dagegen [63] halten sich in erster Linie an den Geographischen Text, bei ihnen durch „F" symbolisiert: "The aim of the present translation is to give in the first place a complete and literal translation of F." [64] Zu den 17 Handschriften, die in gekennzeichneten Zusätzen mit verarbeitet werden, gehört auch eine Handschrift, die Yule und Cordier noch nicht bekannt war, wodurch ihr Werk teilweise überholt worden ist. Es handelt sich dabei um eine von Sir Percival David erst 1932 in Toledo gefundene lateinische Version, wohl noch des 14. Jahrhunderts [65], die vor allem viele bisher nur bei Ramusio überlieferte Details sicher belegt. Die Arbeit Ramusios erscheint daher immer deutlicher als eine kompilierende Zusammenfassung von Handschriften im Stil moderner kritischer Ausgaben.[66] Die Neuerungen des lateinischen Textes beschränken sich allerdings nur auf

.

---

[63] Moule/Pelliot   aaO   Bd 1, S. 53 ff

[64] aaO Bd. 1, S. 53

[65] S. Beschreibung der Handschrift bei Moule/Pelliot aaO Bd. 1, S. 47 ff., die Edition der Handschrift findet sich in Bd 2.

[66] nach Moule/Pelliot   aaO Bd 1, S. 5 eine „Composite translation". Zum Vergleich der übereinstimmenden Stellen s. die Aufstellung aaO   Bd 1, S. 500-503.

drei längere Zusätze, für unser Thema sogar auf nur einen Zusatz.

Solange eine kritische Ausgabe fehlt, wird die Suche nach dem originalen Wortlaut und damit ein Zitieren betreffender Stellen unergiebig sein. Die Inhaltsangaben der Stadtbeschreibungen werden sich also auf die Aussagen der beiden genannten Editionen stützen. Größere Differenzen sollen genannt werden, doch sind für mein Ziel die Unterschiede zwischen den beiden Ausgaben geringfügig. Wegen seines sehr umfangreichen Kommentars habe ich das Yulesche Werk zur Grundlage meiner Arbeit gemacht; ich zitiere daher nach Seitenzahlen dieser Ausgabe.

2.232   Aufbau und Inhalt der „Weltbeschreibung"

Auch der Titel des Poloschen Berichtes ist nicht sicher zu bestimmen. Am nächsten kommt ihm wohl der Titel „Weltbeschreibung"; denn eindeutig will er nicht nur ein einfacher Reisebericht, sondern eine Beschreibung aller Teile der Erde, vor allem der weniger bekannten, sein.

Das Buch zerfällt in zwei Teile: die Vorgeschichte, in der über die erste Reise Nicolos und Maffeos summarisch gehandelt wird, und den Hauptteil, der entlang von Reisestationen, aber auch nach großräumigeren geographischen Gesichtspunkten geordnete Detailschilderungen liefert. Der Ablauf bewegt sich ungefähr auf folgender Route:

Syrien, Anatolien, persisches Hochland, Afghanistan, Pamir, Mongolei, China mit seinen verschiedenen Provinzen, Tibet, Burma, Japan und die südländische

Inselwelt, Indien, Südarabien, Russland. Der Schwerpunkt der Beschreibung liegt dabei auf dem mongolischen China und seinem Herrscher Kubilai Khan.

Olschki [67] bemüht sich, von außen ein Einteilungsprinzip an das Werk heranzutragen, indem er den Stoff danach gliedert, was Marco nur gehört haben kann, und danach, was Marco selbst erfahren hat. Doch ergeben sich dabei offensichtlich widersprüchliche Aussagen.

Eine inhaltliche Unterteilung des Werkes in anderer Form begegnet dagegen schon früh (14. Jahrhundert). Sie trennt die Vorgeschichte, die Beschreibung des asiatischen Festlandes und der Inselwelt und den mehr summarischen Schluss voneinander. Die Aufteilung in zahlreiche Kapitel scheint authentisch zu sein; dagegen sind die Überschriften erst später hinzugefügt.

Marco Polo gibt in seinem kurzen Prolog an [68], dass er wahre Dinge, die er selbst gesehen oder von Vertrauensleuten gehört hat, denen mitteilen will, die nicht die Gelegenheit haben, sie selbst in Augenschein zu nehmen. Das informativ-didaktische Ziel steht also im Vordergrund.

Was der Autor im Einzelnen beschreiben will, hat er an einer späteren Stelle einmal ausgesprochen: nämlich Völker, wilde Tiere und Vögel, Gold, Silber, Edelsteine und Perlen, Handelsware und viele andere Dinge.

Das Problem einer schriftstellerischen Abhängigkeit von anderen Autoren ist bei Marco Polo meines Erachtens nicht gegeben.

.

---

[67] Olschki, Asia   aaO   S. 28 ff.
[68] Nach Yule, Marco Polo   aaO   S. 1 ff.
Yule macht nicht deutlich, welchen Textzeugen er hierfür bemüht; es handelt sich hauptsächlich um Ramusios Vorwort. Doch weichen die übrigen in ihrer Intention kaum von dieser ab.

3 Stadtbeschreibungen bei Wilhelm von Tyrus

3.1 Untersuchungsmethode

Bei der sehr umfangreichen Arbeit Wilhelms ergibt sich zunächst die Schwierigkeit, die Stadtbeschreibungen herauszufinden, d.h. sie zu definieren und gegen übrige Bemerkungen zu Städten abzugrenzen. Ich bin dabei nach dem Maßstab, den Wilhelm selbst anlegt, vorgegangen: eine jede Stadt, die von ihm mit der Überschrift „describitur" bzw. „descriptio" versehen wurde, reihe ich unter die Stadtbeschreibungen ein. Dabei wurde gleichzeitig das Zahlenverhältnis zu den übrigen genannten Städten berücksichtigt.

Was die Abgrenzung der „Stadt" gegen andere Siedlungsarten betrifft, so wird dieses Problem dadurch hinfällig, dass die von Wilhelm als „beschrieben" qualifizierten Orte durchgängig Städte sind.[69]

Im übrigen habe ich sämtliche im Register erscheinenden Ortsspezifikationen [70] aufgenommen.

---

[69] Nämlich: „civitas" oder „urbs"
[70] Es treten auf: arx, castrum, castellum, civitas, metropolis, oppidum, urbs, vicus (viculus).

Exkurs: Die nicht „beschriebenen" Orte

Die Stellenangaben im Register ergeben eine Breite von 452 Ortsnamen, die in der „Historia" vorkommen.
Nach der Häufigkeit ihrer Nennung [71] lassen sie sich in verschiedene Gruppen aufteilen.

a)   Nur einmal genannte Orte

Hierzu zählen über 60 % aller auftretenden Namen. 115 verschiedene Orte sind aus unterschiedlichem Erzählzusammenhang heraus erwähnt. So spricht Wilhelm bei der Beschreibung von Handelswegen von dem Umschlagplatz Aïdeb [72]; die Stadt Bavenberg wird als Sterbeort Kaiser Konrads genannt [73] oder es wird im Zusammenhang mit der Belagerung einer Stadt die Gründung eines militärischen Lagers erwähnt.[74]
Zu diesen mehr beiläufig einfließenden Orten, deren nähere Schilderung in jedem Falle von dem historischen Thema zu weit abgeführt hätte, treten noch 194 weitere Orte, die in enger Beziehung zueinander stehen, weil sie alle nur in dem katalogähnlichen Anhang über die kirchenpolitische Organisation Palästinas vorkommen.[75]

---

[71] Im Register werden nur Seitenzahlen angemerkt, so dass der Aspekt der Länge der jeweiligen Ausführung außer acht gelassen wird; doch ergeben auch die Seitenanzahlen eine aufschlussreiche Fächerung.
[72] Die Waren gelangen „ad eam urbem quae Aïdeb dicitur." („Historia" aaO   S, 931)
[73] „Quo perveniens dominus Conradus imperator, infra paucos annos apud Bavenberg mortuus est." (aaO S. 770)
[74] „[...] rex super urbem Berythensium in montanis castrum unum, cui Mons Glavianus nomen, fundavit." (aaO   S. 580)
[75] „Haec est Ordinatio sub apostolice sede Antiochiae"
(aaO   S. 1135)

b)   Mehrmals genannte Orte

In diese Gruppe fallen alle Ortsnamen, die 2 bis 30 mal auftreten.[76] Dazu zählt ein weiteres Viertel der Gesamtsumme, nämlich 111. Hier lassen sich wie oben die unterschiedlichsten Beispiele anführen: von Regensburg [77], das an zwei Stellen genannt wird, über häufigere Namen wie Heliopolis [78] gelangt man bis zu durchaus eingehenden Stadtschilderungen, die nur der Knappheit wegen wohl von Wilhelm nicht als Beschreibungen gefasst wurden. Es sollen hier die drei Städte kurz behandelt werden, die - ohne Angabe von Gründen - im Register, nicht aber im Werk selbst, mit dem Prädikat „describitur" versehen werden: Berythensium, Biblium und Sydon. Ein Schaubild soll die Äußerungen zusammenstellen.

---

[76] Die Gruppe schlüsselt sich auf wie folgt: 2 mal genannt sind 26 Orte; 3 mal 19; 4 mal 20; 5-30 mal 46. („Historia" aaO S. 1135)
[77] Als Ausgangspunkt einen Heeres (aaO S. 789); als Durchgangsort (aaO S. 737)
[78] Ursprungsort des Orontes (aaO S. 114); Station einer Marschroute (aaO S.388); von Saladin erobert (aaO S. 1017, 1022). Dabei wird jedesmal der heutige Name „Malbec" beigefügt.

Biblium	Sydon	Berythensium
(Geschichte des Ortes)		
Est autem B. urbs maritima	Est autem S. civitas maritima	Est autem B. civitas maritima
in Phoenice constituata	inter Berythensium et Tyrensem metropolim sita	Inter Bibliurn et Sydonem in Phoenice sita
Una de suffraganeis urbibus quae Tyrensi metropoli iure metropolitane intelliguntur esse subjectae		una de suffraganeis urbibus quae Tyrensi metropoli intelligenter subjectae
	provinciae Phoenicis portio non modica, commodissimum habens sita	
(Bibelzitate zu diesem Ort)	(Bibelzitate)	Zitate aus den Digesten) Romanis quondam acceptissima, ita ut iure Quiritium civibus concessa
(früherer Name: Eve) eamque fundasse creditur Evens, sextus filiorum Chanaan	Hanc Sydon Chanaan (erg.: einer seiner Söhne) fundasse legitur	((früherer Name: Gerse) quam Gerseus, quintus filiorum Chanaan, fundasse legitur
	Est autem una de urbibus suffraganeis Tyrensis metropolis	
(Geschichte der Belagerung)	(Geschichte der Belagerung)	(Geschichte der Belagerung)
		(Bemerkungen zum Umland)

Diese Gegenüberstellung ergibt bereits vorläufige Schlussfolgerungen:

In allen drei Städten werden folgende Aspekte gleichmäßig berücksichtigt:
>
> die Lage (am Meer und in Beziehung
> zur Provinz oder anderen Städten),
> die Stellung innerhalb der kirchlichen Organisation,
> Zitate oder Hinweise (aus antiken oder biblischen Schriften),
> der Name (verbunden mit dem Gründungsmythos),
> die Geschichte des Ortes.

Gegenüber diesen inhaltlichen und zum großen Teil auch formalen Übereinstimmungen fallen die Abweichungen von der Ordnung wenig ins Gewicht. Diese bestehen im übrigen nur aus Beifügungen zu den fünf „Grundthemen":
>
> die Art des Rechtsstatus (römische Kolonie),
> das Umland,
> Schönheit und Größe des Gebiets.

Dadurch sind zwar den Gefahren einer völligen Stereotypie in den Schilderungen Grenzen gesetzt, doch von einer differenzierenden Betrachtungsweise lässt sich bei dem starken Überwiegen von Gemeinsamkeiten nicht sprechen. Diese Ergebnisse werden später zu prüfen sein.

c)   Die oft genannten Orte

Nur noch 1,04 % aller auftretenden Namen, d.h. fünf Orte, zählen zu dieser Gruppe, die die 30 bis über 100-mal und öfter genannten Städte aufnimmt. Es handelt sich dabei um Akkon, Edessa, Joppe, Roma und Tripolis.

Auch hier lassen sich kontextbezogene Unterschiede für den Anlass der Nennung aufweisen. So stellt Rom in erster Linie den Mittel- und Bezugspunkt eines Kirchenmannes dar, gleichzeitig ist es geistiger Ausgangspunkt der Kreuzzüge. Die anderen Orte fungieren in erster Linie als wichtige Hafenstädte und damit als Verbindungsträger zum Westen, außerdem spielten gerade sie eine bedeutende Rolle in der Eroberungsgeschichte der Christen.

Im Sinne Wilhelms rechnen demnach neun Städte zu den „beschriebenen" Orten: Alexandria, Antiochia, Archis, Askalon, Konstantinopel, Damaskus, Jerusalem, Nicäa und Tyrus. Das ist - im Gegensatz zu der Summe aller Orte, d.h. zur Zahl der möglichen Beschreibungen - eine sehr geringe Anzahl, knapp 2%. Außerdem fällt auf, dass sich ein einheitliches Kriterium für die Auswahl gerade dieser Städte nicht finden lässt.

Die Städte folgen keinem geographischen Plan: Nicäa, Konstantinopel und Alexandria fallen aus dem Rahmen Palästinas heraus. Sie liegen teilweise am Meer, teilweise im Binnenland.

Es handelt sich nicht um die am häufigsten genannten Städte:
Archis etwa wird darin von etlichen Städten übertroffen.

Auch war nicht die überragende Größe, die politische oder religiöse Bedeutung der Städte das die Auswahl leitende Prinzip: hier hätte z. B. Edessa vor Archis oder Askalon stehen oder Rom sicher vertreten sein müssen.

Da auch aus den Beschreibungen selbst Begründungen für die Wahl nicht zu entnehmen sind, bleiben die offensichtlich mehr persönlichen Gründe des Schriftstellers für mich unauffindbar.

3.2 Untersuchung der Stadtbeschreibungen

3.21 Inhalte der Beschreibungen in alphabetischer Ordnung

Alexandria [79]

Alexandria, Diözese für ganz Ägypten und eine sehr neue Stadt [80], liegt am Rande Lybiens auf der Grenze zwischen fruchtbarem Land und Wüste. Nach der Schilderung der Gründungssage, unterstützt durch die Berufung auf Solinus, geht Wilhelm auch auf die Namensgeschichte der naheliegenden Nilmündung ein. Der Autor schildert die jährliche Nilschwemme, die Wasserversorgung durch Zisternen, das Bewässerungssystem und den Doppelhafen mit dem Leuchtturm. Daran schließt sich eine eingehende Darstellung des Binnen- und Außenhandels, der Handelspartner, der Handelswege und der gängigsten Waren an. Daraus folgert die große Bedeutung Alexandrias als Welthandelsplatz und „forum publicum utrique orbi".[81] Die Beschreibung endet mit der Nennung der Heiligen Väter, die hier residierten und bestattet wurden, und der von der Metropole abhängigen Provinzen.

---

[79] „Historia" aaO Buch XIX, Kap. 27
„Describitur Alexandriae situs".
[80] „Neue" iist hier wie bei anderen Angaben wohl kirchenpolitisch gemeint.
[81] „Historia" aaO S.931

Antiochia [82]

Nach einer allgemeinen Würdigung dieser Patriarchatsstadt, deren Rang allerdings strittig ist [83], geht Wilhelm auf den Namen und damit auf die wechselvolle Geschichte des Ortes ein, in der er kirchengeschichtliche Aspekte hervorhebt: unter anderem das Wirken der Apostel Theophil, Lukas und Petrus, den Konvent, auf dem die Christen ihren Namen erhielten, und die kirchliche Stellung der Stadt als mächtigen Bischofssitz.[84]

In Kap. 10 über „situs eius" nennt Wilhelm zunächst die zugehörige Provinz (Syriaceles); er betont die sehr günstige und hübsche Lage, besonders hervorgerufen durch die vielen Bäche und Quellen aus den Bergen. Nach Bemerkungen über die Wälle und den guten Boden wird sehr ausführlich das nähere und weitere Umland geschildert: der Verlauf des naheliegenden Flusses und ein hoher Berg, der dem Autor Anlass zu einer weitausholenden literarischen Diskussion wird, dazu die umliegenden Weiden und Wälder. Darauf geht der Erzähler noch einmal auf die gute Wasserversorgung durch Quellen und Wasserleitungen bei und in der Stadt ein. Dann kommt er auf die Stadt und ihre Anlage zurück, die als befestigt und durch Mauern und Türme gut geschützt erscheint.[85] Der sehr genaue Einblick in den Mauerverlauf [86] wie

---

[82] „Historia"   aaO Buch IV, Kap. 9-10:
„Descriptio urbis Antiochenae et eius dignitatis",
„...descriptio quoque situs eius".
[83] „Tertium vel potius secundum (nam de hoc maxima quaestio est)"   (aaO S. 165).
[84] Hier wird auch die Aufteilung der Provinzen unter verschiedene Verwaltungshoheiten berücksichtigt.
[85] Die Mauern und Türme werden bewundert als „ex opere solidissimo, densi plurimum" (aaO S. 169).
[86] Er führt an den Bergabhängen über die Uferebene bis zum Fluss, wobei die neuen Stadtviertel von niedrigeren Mauern eingeschlossen sind.

die liebevolle Würdigung des Adels und der Schönheit der Stadt und ihrer Umgebung lassen auf den Niederschlag persönlicher Erfahrungen und Beziehungen zu diesem Ort schließen. Die Schilderung endet mit Bemerkungen über die Größe des Ortes [87] und seine Lage zum Meer [88], wobei sich die Vorsicht des Autors darin erweist, dass er abweichende Meinungen zitiert und keine eindeutigen, sondern leicht schwankende Entfernungsangaben macht. Danach greift der Erzähler den Faden seiner Geschichte wieder auf, nicht ohne den Herrscher der Stadt, Soliman, zu erwähnen.

Archis [89]

Die Beschreibung beginnt mit den Worten: „Est autem Archis..."; sie ist eine Stadt in Phönizien am Fuße des Libanon, liegt einige Meilen vom Meer entfernt auf einem geschützten Hügel und zeigt eine weit verstreute Siedlungsform.[90] Nach dieser Lageskizze folgt ein Hinweis auf die Güte des Bodens, das fruchtbare Umland und die reichen Wasservorkommen. Der Ort soll vom siebten Sohn Chanaans, Archeus, gegründet worden sein, dessen Name verstümmelt im Ortsnamen enthalten ist. Nach der Angabe der Entfernung von Tripolis [91], der bereits der Eroberungsplan vorausgegangen ist, geht Wilhelm weiter auf die geschichtliche Situation des Ortes ein.

---

[87] „ longitudinem autem civitatis quidam ad duo, quidam vero ad tria reputant milliaria" (aaO S. 169).

[88] „Milliaribus decem aut duodecim" (ebda)

[89] „Historia" aaO Buch VII, Kap. 14: „Describitur Archis".

[90] „longe lateque diffusam" (aaO S. 297)

[91] „quae est civitas nobilissima" (ebda)

Askalon [92]

„Est autem Ascalona (...)" beginnt der Abschnitt wiederum; sie ist eine der fünf Philisterstädte am Meer und besitzt eine auffällige Anlage, die Form eines Halbkreises in einer Senke bildend. Sie wird geschützt von vielen Wällen, starken Mauern und Vormauern. Quellen finden sich nicht in der Nähe, aber Schächte außerhalb, Zisternen innerhalb der Stadt sorgen laufend für gutes Wasser. Danach folgt eine detaillierte Aufzählung der vier Stadttore, eine Stelle, die von der glänzenden rhetorischen Schulung Wilhelms zeugt [93]. Trotz der Lage am Meer ist das

---

[92] „Historia"   aaO   Buch XVII, Kap. 22:
„Describitur situs civitatis Askalon, et commoditas aperitur".
[93] Mit der variationsreichen Stelle möchte ich hier kurz die altfranzösische Übersetzung vergleichen: Es wird zwar das Mittel der Variatio durchaus angewandt, aber im Gegensatz zu Wilhelm bei den richtungsweisenden Verben, wohingegen die feinere Variatio in der kausalen Beziehung zwischen Richtung und Benennung zu einem einfachen schematischen Kausalanschluss vergröbert wird.
Daneben fallen weitere Umarbeitungstendenzen auf:
a) Die Hinzufügung von Details, besonders bei Bibelgeschichten, die auf Benutzung weiterer Literatur schließen lässt (aaO S. 258, S. 320, S.166),
b) starke Kürzungen, vor allem bei Wilhelms literarischen Diskussionen und Zitaten (es finden sich kaum direkte Zitate im französischen Text)
(aaO S. 166 f.; S. 556 und 557, wo beide Male 38 lateinische Zeilen 4 bzw. 5 französischen entsprechen),
c) Entscheidungen über Zweifelsfälle, die Wilhelm offen lässt, so bei den Rangstreitigkeiten Antiochias (aaO S. 165).
Diese knappe Übersicht lässt meines Erachtens bereits den vorsichtigen Schluss zu, dass es sich um eine Übersetzung handelt, die an ein einfacheres Publikum (eventuell Kirchenbrüder) gerichtet ist, als Wilhelm es in seiner „Historia" voraussetzt. In einer kurzen Untersuchung dieser Umarbeitungstendenzen bestätigt mir Ost (aaO) diese Beobachtungen völlig. Auch er kommt zu dem Schluss: „Der Übersetzer schreibt für eine größere Masse und steht an Bildung selbst nicht viel höher als diese." (aaO   S. 27)

versandete Ufer bei den üblichen ungünstigen Winden für einen Hafen nicht geeignet. Der Boden ist wegen der Trockenheit unbebaut, abgesehen von einigen bewässerten Tälern, in denen Korn, Wein und Obstbäume gedeihen. Die zahlreiche Bevölkerung wird in großem Ausmaß vom ägyptischen Kalifen unterstützt, der Askalon für ein Bollwerk gegen die Christen hält. Damit setzt die Eroberungsgeschichte wieder ein.

Konstantinopel[94]

Die Schilderung dieser Stadt ist sehr knapp bemessen, besonders gegenüber der auffallend weitschweifigen Beschreibung der Umgebung, d.h. des Wasserverlaufs vom Schwarzen Meer zum Mittelmeer. Obwohl der Hafen außerordentlich berühmt ist[95], wird die Stadt als jung bezeichnet. Sie ist erst spät zum kaiserlichen Regierungssitz und zur Rivalin Roms aufgestiegen. Danach folgt eine Skizzierung der dreieckigen Stadtanlage, deren Angelpunkte an hervorstechenden Gebäuden, Kirche, Kloster, die Goldene Pforte und Befestigungen, verdeutlicht werden. Zum Schluss wird der im Winter über die Ufer tretende Fluss erwähnt.

Damaskus[96]

Damaskus, die größte Stadt und Metropole der „minoris Syriae", hieß früher Libanica, weil sie von einem Sklaven Abrahams gegründet worden sein soll. Das

---

[94] „Historia"   aaO   Buch II, Kap. 7: "Descriptio situs urbis Constantinopolitanae
[95] aaO S. 82
[96] aaO Buch XVII, Kap. 3:
„Describitur situs Damaecenae urbis"

Umland wird von einem Fluss aus den Vorbergen bestimmt, der dem sonst unfruchtbaren Boden durch Bewässerungsgräben Wasser zuführt. Beide Ufer dieses Flusses sind dicht mit Bäumen, „pomeria", bestanden. Er fließt dicht an den Mauern entlang. Hier nun schließt sich der erste Plan der Belagerer an. Dann folgt eine nähere Bestimmung der Stadtanlage: um die Wälder ziehen sich Lehmmauern im Westen und Norden der Stadt einige Meilen bis zum Libanon hin. Die Bäume stehen sehr dicht und dunkel, haben nur für sehr schmale Wege Raum und stellen dadurch einen ausgezeichneten Schutz für die Stadt dar.[97] Erneut wird der Eroberungsversuch durch diese Wälder hindurch eingeblendet, dann folgt noch eine Bemerkung zu einigen Häusern innerhalb der Anlagen, worauf sich die weitere Belagerungsgeschichte anschließt.

Jerusalem[98]

Die Beschreibung der Heiligen Stadt zieht sich über vier Kapitel hin; nur Tyrus hat noch einen ähnlich langen Abschnitt zugewiesen bekommen. Außergewöhnlich ist der Beginn der Beschreibung: „Urbem sanctam (..)" statt, wie sonst stets, „est autem", was diesen Abschnitt und die zuvörderst „heilige" Stadt deutlich von den übrigen abhebt.
Zunächst wird in weitestem Ausmaß die allgemeine Lage Jerusalems beschrieben. Mit sehr detaillierten Orts- und Entfernungsangaben wird die Lage zum Meer, d.h. nach Westen, mit den dort liegenden Städten; der Jordan im Osten mit seinen diesseits und jenseits liegenden Orten; das südliche

---

[97] „Sunt autem haec pomeria urbi pro summo munimine." („Historia" aaO S. 762)
[98] aaO   Buch VIII, Kap. 1-4: „Descriptio situs urbis sanctae"

und das nördliche Land mit der jüdischen Stammeseinteilung beobachtet, jeweils begleitet von zahlreichen biblisch-geschichtlichen Erläuterungen und Zitaten.

Das zweite Kapitel zeigt im Aufbau und besonders im Beginn die übliche Struktur: „Est autem Hierosolyma" sie ist die Metropole von Judäa, ohne Wälder, Weiden und Quellen in der Nähe. An den Namenswechseln zeigt Wilhelm zugleich die wechselvolle Geschichte des Ortes auf.
Die Anlage ist auf einem Hang errichtet; sie wurde nach der Zerstörung erweitert, so dass sich jetzt zwei hohe Berge (Syon und Moria) und verschiedene biblische Orte innerhalb des Mauerrings befinden. Die Größe der Stadt ist nicht überragend.[99]
Die Form ähnelt einem Rechteck, dessen drei Seiten tiefe, mit historischen Zeugnissen ausgestattete Täler kennzeichnen - gleichzeitig Zugänge zur Stadt, während der vierte Weg vom Norden durch die Ebene heranführt.

Nun folgt eine Beschreibung der beiden Berge, zwischen denen die Stadt zu ihrem größten Teil liegt, und ihrer geschichtlichen Bedeutung. Gleichzeitig werden die hervorragenden Bauwerke, die Kirche der Auferstehung am Berg Syon und der „turris David" in der Nähe erwähnt, der Anlass zur Bewunderung der starken Befestigungsanlage der Stadt ist. Wenn zu den auftretenden biblischen Orten an Wunder grenzende Geschichten erzählt werden, so weiß sich Wilhelm davon abzusetzen („dicitur"), wie er auch schweigt, wenn er einen Namen nicht genau kennt: „alterius vero certum nomen non tenemus".[100]

---

[99] „Est autem civitas et minor maximis, et mediocribus major" („Historia"   aaO S. 323)
[100] aaO   S. 325

Auf die Beschreibung der Kirche „dominicae resurrectionis" (sie ist rund mit einer kronenförmigen, offenen Dachkonstruktion, in höchst abschüssiger Lage errichtet, von den Kreuzfahrern vergrößert und verschönt, folgt die Beschreibung des „templum Salomonis", das wie eine Festung im Quadrat angelegt und mit starken Mauern versehen ist. Die Geschichte des Platzes lässt sich weit zurückführen. Als Erbauer dieser Kirche gilt Homar, „filium Catyb, qui tertius a seductore Mahometh erroris et regni successor".[101] Gleichzeitig wird der damalige Gebrauch der hohen, schlanken Türme über den Pforten als Minaretts[102] und die Sitte der Muslims, die Moschee barfuß zu betreten, angeführt. Der Bau selbst steht auf einem quadratischen Podest, zu dem fünf symmetrisch angeordnete Treppen hinaufführen; oben sind einige Kapellen aufgestellt. Die Kirche dagegen ist oktogonal; sie ist innen und außen mit Marmorplatten und Mosaiken geschmückt und mit einem herrlichen Bleidach versehen. Die Plätze sind mit weißen, glänzenden Steinen gepflastert. Innerhalb der „columnarum ordo" dieser Kirche liegt ein gewaltiger unbehauener Fels, auf dem Gottes Racheengel gesessen haben soll. Jetzt aber - nachdem 15 Jahre seit der Eroberung Jerusalems verstrichen sind - ist über dem Fels der Muslims ein prächtiger Altar errichtet worden.[103]

Nach dieser längsten und detailliertesten Einzelbeschreibung eines Bauwerks, geht Wilhelm auf das umliegende Gebiet, die Provinz Judäa, ein, Namensgeschichten und biblische Traditionen streifend.

---

[101] „Historia" aaO S. 325
[102] „Turres erant sublimes admodum, in quibus in certis horis superstitionis Sarracenorum sacerdotes, ut populum ad orationem invitarent, ascendere consueverant" (aaO S. 326)
[103] aaO   S. 326 f

Danach erst kommt er auf die Trockenheit des Bodens, die Notwendigkeit von Zisternen und Wasserleitungen zu den wenigen spärlichen Quellen und deren Geschichte zu sprechen, wobei er eine gegenteilige Aussage des Solinus der Kritik unterzieht. Das nächste Kapitel erzählt von dem Auftritt des Kreuzfahrerheeres.

Nicäa[104]

In der üblichen Weise beginnt der Abschnitt über Nicäa mit der allgemeinen Lage der Stadt (in Bythinien) und ihrer kirchlichen Stellung; sie war einst Suffraganstadt der Metropole Nicomedia, wurde aber aus dieser Abhängigkeit aufgrund des ersten Konzils zu Nicäa von Kaiser Konstantin befreit. Ein kirchengeschichtlicher Überblick mündet in eine genauere Umlandbeschreibung ein. Der Ort liegt sehr günstig in einer Ebene, fast eingeschlossen von den nahen Bergen. Er hat sehr guten, fruchtbaren Boden, so dass viele Wälder ihn umgeben. Im Westen grenzt ein großer, vielbeschiffter See an die Stadt, die bis auf die durch den See geschützte Seite durch Mauern und Türme und Wassergräben stark befestigt ist. Die Einwohner werden als kriegerisch charakterisiert[105], was man schon anhand der bewunderungswürdigen Befestigungsanlagen erschließen könne. Dann schließt sich die Geschichte des Ortes unter der Herrschaft Solimans an.

---

[104] „Historia" aaO   Buch III, Kap. 1:
„Descriptio urbis Nicaenae, et eius praerogativae"
[105] „Erat autem praeterea bellicoso referta popula"
(aaO S. 112)

Tyrus[106]

In fünf Kapiteln beschäftigt sich Wilhelm mit seiner Heimatstadt, in drei Kapiteln mit der Ortschaft selbst, wie die Überschriften zeigen, aus denen auch Lob und Würdigung der Stadt schon hervorgehen.

Die sehr alte Stadt war ursprünglich römische Kolonie mit italischem Recht, wie die Digesten des Ulpian erkennen lassen. Nach einer kurzen Beschäftigung mit dem Lande Phönizien und seinem Ursprung wendet sich Wilhelm den Stadtbewohnern zu, deren Scharfsinn und Erfindungsgabe er ausgiebig rühmt.[107] Die Geschichte des Ortes, worunter auch die Gründung der Kolonie Karthago fällt, führt in den Gründungsmythos und die Etymologien des Stadtnamens, begleitet von zahlreichen Zitaten. Die Stadt ist Metropole für ganz Phönizien, die unter den Provinzen Syriens sowohl durch die zahlreichen Güter als auch aufgrund ihrer Einwohnerzahl den ersten Platz einnimmt.

Im zweiten Kapitel schweift Wilhelm zu anderen Provinzen ab, um dann in Kapitel 3 auf die geradezu unglaubliche Fruchtbarkeit des Bodens um Tyrus zu sprechen zu kommen.[108] Die Lage am Meer, durch eine Flussmündung inselähnlich gestaltet, wird als schön herausgestellt. Noch zweimal betont Wilhelm die ungeheure Fruchtbarkeit der Gegend. Die Ebene von

---

[106] „Historia"   aaO Buch XIII, Kap. 1-5: „Describitur Tyri antiquitas et nobilitas simul";
„ Descriptio regioni eiusdem urbi adjacentes, et commoditatem quas praestat";
„Describitur civitas: et status civium et conditio aperitur"
[107] aaO   S. 555 ff
[108] „fertilitate praecipua, et amoenitate quasi singularis"   (aaO   S. 558 passim)

Tyrus ist nach Norden und Süden (bis zur nächsten Stadt) je vier bis fünf Meilen lang, doch nur zwei bis drei Meilen breit. Sie hat viele gute Quellen und ein ausgeklügeltes Bewässerungssystem, in dem ein besonders stolzer Aquädukt hervorgehoben wird. Neben der Schönheit und Fruchtbarkeit der so bewässerten pomeria verdienen auch die Handelsgegenstände Beachtung: nämlich Zuckerrohr und Glas. Sie lassen Kaufleute aus aller Welt hier zusammenströmen und machen den Namen der Stadt weit berühmt.[109]

Kapitel 4 beschäftigt sich mit den früheren Stadtbelagerungen, während Kapitel 5 auf die Gefährlichkeit der Hafenzufahrt infolge der unsichtbaren Klippen, auf die unvergleichliche Befestigung[110] durch eine zwei- bis dreifache Mauer mit hohen Türmen, auf die geschützte Lage des Hafenbeckens und schließlich auf die Verwaltung der Stadt eingeht, in die sich zwei Herren ungleich teilen. Bemerkungen über die vielen edlen und durch den Handel reichen Bürger, auch über die reichen Flüchtlinge, die die Stadt für uneinnehmbar halten[111], leiten zu der Geschichte der Eroberung der Stadt über.

3.22   Die Schwerpunkte des Autors

Das Gewicht, das der Autor Einzelbeobachtungen in jeder Stadt beimisst, lässt sich wohl am besten an

---

[109] „Nomen urbis longe ad exteras nationes porrigitu2´"r („Historia" aaO   S. 559)
[110] ebda
[111] aaO   S. 562

der Länge des betreffenden Beschreibungsteiles ablesen. Die Einförmigkeit oder die Vielfalt der so betonten Aspekte wird bereits erweisen, inwiefern Wilhelm von Tyrus einer individualisierenden oder einer ideal-schematisierenden Betrachtungsweise anhängt; Ähnliches kann unter Umständen die Einhelligkeit oder Variabilität der Anzahl von Gesichtspunkten, die bei jeder Stadt berücksichtigt wurden, aussagen. Eine Tabelle stellt beides zusammen:

Tabelle 1

Stadt	Hauptaspekt	Anzahl der Gesichtspunkte
Alexandria	Handel	11
Antiochia	Etymologien	15
Archis	--[112]	9
Askalon	Stadttore	10
Konstantinopel	Umland/Anlage	11
Damaskus	Gärten	9
Jerusalem	Umland/Kirchen	15
Nicäa	Kirchengeschichte	12
Tyrus	Geschichte	20

Aus dieser Zusammenstellung wird sofort deutlich, dass ein ganz einfaches Beschreibungsschema hier nicht vorliegt, im Gegensatz zu den oben[113] einander gegenübergestellten Orten.

---

[112] Wegen Knappheit der Beschreibung nicht zu entscheiden.
[113] S. o.. S. 28

1. Hier schwankt die Anzahl der Beobachtungen ungleichmäßig zwischen 9 und 20.

2. Hier sind die Akzente, soweit sie sich an der Länge feststellen lassen, unterschiedlich gelagert.

In einem derartigen Überblick bleibt allerdings offen, wie weit die aufgedeckte Vielfalt eventuell durch eine durchgängige Interessenlagerung des Autors eingeengt wird, ob also die Unterschiede mehr in einer Erweiterung eines Grundmaterials als in einer echten Neuformulierung bestehen. Ergänzend muss daher die prozentuale Verteilung der Gesichtspunkte auf die beschriebenen Städte untersucht werden.

Tabelle II   9 = 100 % (bei jeder Stadt erwähnt)

Geschichte	9	100 %	Stellungnahme zur Entwicklung des Ortes und seines Namens
Lage	9	100 %	Angaben zur Provinz; geographische Fixpunkte
Wasserversorgung	9	100 %	
Umland	8	89 %	ausgreifender als „Lage"
Güte des Bodens	7	78 %	Negative und positive Angaben
Befestigungen	7	78 %	
Name Gründungsmythos	7	78 %	
Kirchliche Organisation	7	78 %	
Stadtanlage	6	67 %	
Anbau	5	56 %	
Hafen/Schifffahrt	5	56 %	auch negative Angaben

Heranziehung literarischer Zeugnisse	5	56 %	
Bauwerke	4	44 %	Nennung oder Beschreibung
Einwohner	4	44 %	Sitten, Veranlagung
Schönheit	3	33 %	
Größe	3	33 %	
Verwaltung	3	33 %	Verteilung der Herrschaft
Allgemeine Würdigung	3	33 %	
Handel	2	22%	
Besiedlungsdichte	2	22%	
Wege und Tore	2	22%	
Rechtliche Stellung	1	11 %	Profanrecht
Reichtum	1	11 %	

Die Übersicht über die Verteilung der Gesichtspunkte auf die Städte lässt folgende Schlüsse zu:

1.   Drei Aspekte stehen so sehr im Interesse des Autors, dass sie in jeder der neun Stadtbeschreibungen erwähnt werden.

a) Die Geschichte und die Lage jedes Ortes weisen den Schilderungen eine eindeutig abhängige Stellung innerhalb der „Historia" zu. Die Stadtbeschreibungen werden erläuternd zur Geschichte des Kreuzzuges und seiner Eroberungen eingefügt, wobei die geographische Lage des Ortes zur Orientierung des Lesers die oberste Rolle spielt. Diese Beobachtung lässt sich auch aus der Bewertung der Abschnitte durch Wilhelm selbst bestätigen; denn in 7 von 12 der betreffenden Kapitelüberschriften wird der „situs" bzw. die „regio" des Ortes genannt,

b) Als drittes meistbeachtetes Element tritt die <u>Wasserversorgung</u> der Orte hinzu, ihre Quellen, das hydrographische Netz des Umlandes, die Bewässerungssysteme. Hier scheint ein besonderes persönliches Interesse Wilhelms vorzuliegen, das sich für den Bewohner Vorderasiens durchaus als vordringlich erklären lässt: die Nachbarschaft zur Wüste macht den Wasserhaushalt zur lebensnotwendigen Grundlage einer jeden Siedlung.

2. In Abstufungen folgen weitere oft genannte Aspekte. Bei über 50 % aller Orte werden behandelt: die Güte des Bodens, die kirchliche Organisation, der Name, der Anbau, das Umland, die Stadtanlage, die Befestigung, Schifffahrtsmöglichkeiten und literarische Zeugnisse. D.h. von den hier aufgestellten 23 Gesichtspunkten werden über die Hälfte berücksichtigt. Daraus ergibt sich - im Gegensatz zu den Feststellungen zu Tabelle I eine akzentuierte Kontinuität in den beobachteten Einzelheiten.
Wir bemerken also eine Spannung zwischen der Vielfältigkeit in den gesetzten Schwerpunkten und der relativen Beharrlichkeit in der Wahl der übrigen Gesichtspunkte.

3.23   Bemerkungen zur Form der Beschreibungen

In einer kurzen Übersicht soll auch der Stil des Chronisten nach der Alternative von Formelhaftigkeit und Vielfalt befragt werden. Zu den schon häufiger erwähnten gleichen Anfängen der Kapitel mit der Wendung „est autem (...)"[114] lassen sich weitere formelhafte Elemente hinzufügen:

die Beschreibung der Güte des Bodens („agrum optimum", „glebam uberem")[115],

die Darstellung von Mauerwerk ("opere solido").[116]

Vergleicht man dagegen ein einziges Beispiel der stilistischen Variatio[117], so sieht man, dass hier nicht nur gleichgewichtige Polarität zwischen Starrheit und Vielfalt besteht, sondern dass der Chronist um eine ausgewogene, nicht formelhafte Leistung ständig bemüht ist. Die formelhaften Anklänge treten also hinter die Stilfigur der Variatio zurück.

---

[114] Witzel, Hans Joachim   Der geographische Exkurs in den lateinischen Geschichtsquellen
         des Mittelalters
         Diss phil Frankfurt/M. 1952
zeigt, dass eine ausdrückliche Ankündigung von Exkursen zurückgeht; „weitaus häufiger leiten die Geschichtschreiber eine kurze geographische Schilderung mit der Wendung „est autem' ein. Dieser Sprachgebrauch ist sehr geläufig." (S.88)
[115] „Historia"   aaO   SS. 112, 166, 297
[116] aaO   SS. 112, 320, 562, 796
[117] Abgesehen von dem oben zitierten Beispiel (s.o.S.34) sei hier die Variationsbreite zum Einschub „wie es seit alters erzählt wird" exemplarisch
vorgeführt:
„veterum tradit auctoritas" (aaO   S. 320)
„veteres tradunt historiae" (aaO   S. 325)
„si ad veteres recurramus historias" (aaO   S. 555)
„et veteram habent historiae" (aaO   S. 556)
„juxta veterum traditiones" (aaO   S. 556)
„juxta veteres historias" (aaO   S. 522)
„ut veterum habent traditiones" (aaO   S. 298)
„ut antiquae tradunt historiae" (aaO   S. 930)

3.3   Die beschriebenen Städte

In diesem Kapitel soll versucht werden, anhand von einigen Stichproben die Aussagen Wilhelms zu den neun Städten zu überprüfen. Das kann in verschiedener Weise geschehen. Hier möchte ich in zwei Schritten vorgehen:

a)   Überprüfung von Einzelaussagen mittels anderer zeitgenössischer Quellen[118],

---

[118] Die ursprünglich geplante Verifizierung an modernen Forschungsergebnissen erwies sich als schwer durchführbar. Die mittelalterliche Archäologie scheint ganz besonders im vorderasiatischen Raum völlig von den Grabungen klassischer Archäolologen verdrängt zu sein. Hier fehlt ein Werk wie die beispielhafte Untersuchung von

Bon, Antoine	La Morée Franque
	Recherches Historiques, Topographiques et Archéologiques
	sur la Principauté d'Achae (1205 - 1430)
	2 Bde Paris 1969
	(Bibliothèque des Ecoles Françaises d'Athène et de Rome Bd 213)

Die wenigen umrisshaften modernen Darstellungen können lediglich im Teil b) verwertet werden.

Die knappen Lageangaben Wilhelms etwa für Tyrus oder Konstantinopel werden von modernen Karten allerdings bestätigt. Auch großräumigere geographische Daten, z.B. der Handelsweg von Alexandrien über Aïdeb ans Rote Meer, können anhand moderner Wirtschaftshistoriker nur bestätigt werden, so von

Heyd, Wilhelm	Geschichte des Levantehandels
	2 Bde Stuttgart 1879
	(hier: Bd 1 S. 420).
S. auch	
Cahen, Claude	Douanes et commerce dans les ports méditeraniéens
	de l'Egypte médiévale d'après le Minhadi d'Al- Makhzumi
	in: Journal of the Economics and Social History of the Orient,
	VII, 1964 S. 218 ff (hier: S. 221 ff)

b)   Vergleich mit dem Gesamtbild, das sich zeitgenössische Besucher wie die heutige Wissenschaft von den beschriebenen Städten zu machen pflegen.

3.31 Überprüfung von Einzelaussagen

Die Beschreibung Syriens und des Heiligen Landes dürfte eines der am häufigsten dargestellten geographischen Objekte der Kreuzzugszeit sein. Es können hier daher nicht alle, sondern nur wenige Autoren beispielhaft zu Wort kommen. Dabei soll einerseits die abendländische Literatur, andererseits die arabische geographische Tradition berücksichtigt werden.[119]
Ich möchte der Quellenlage wegen folgende drei Städte herausgreifen: Antiochia, Tyrus und Damaskus. Für das bei allen Autoren sehr umfangreiche Kapitel über Jerusalem werde ich mich auf die Beschreibung des „templum Domini" beschränken.

Antiochia

Wilhelm geht sehr ausführlich und wohl mit persönlicher Neigung auf diese Stadt ein, deren Größe, Schönheit, Wasserreichtum und Befestigungsanlagen er ausdrücklich würdigt.
Diese Stadt ist etwa 1210 auch von Wilbrandus de Oldenborg besucht worden[120].
Er betont ebenfalls

---

[119] Da diese mir leider nicht in den Originalsprachen zugänglich ist, benutze ich hierfür das Werk von
Le Strange, Guy   Palestine under the Moslems
                              Beirut 1965 (Nachdr.v.1890)
[120] Tobler, Titus u. Molinier, Augustus (Hrsg.)   Itinera Hierosolymitana
                              Genf 2.verm. Aufl. 1879   (hier: S. 171 ff.)

die ausgezeichnete Befestigungsanlage und beschreibt den Flussverlauf. Die Größe der Stadt wird handgreiflich gemacht: „Ipsa uero ciuitas adeo ampla est, ut, qui eam pererrauerit, puluerulentos habens pedes totam terram peragrauisse putetur."[121] Die Beschreibung des Umlandes bestätigt die Wilhelms; die Berge mit ihren reichen Quellen und satten Wiesen werden hervorgehoben.

Idrisi macht in seinem Bericht[122] gleichlautende Angaben: „This wall is marvellous and impregnable. It is built of stones, and encloses both the city and the mountain that overhangs it." „It has water in plenty (...) ". Auch der Reichtum an Früchten wird erwähnt.

Dimashki gibt, obwohl er erst um das Jahr 1300 schreibt, keine andere Auskunft.[123]

Bei dieser sehr ausführlichen Schilderung wird Wilhelm also in keiner Einzelheit widerlegt.

Tyrus

Neben Jerusalem ist Tyrus, der späteren Heimatstadt Wilhelms, die ausführlichste Beschreibung gewidmet, die in einem sehr positiven Ton gehalten ist. Besonders werden (mehrmals) hervorgehoben: der Wasserreichtum, die Lage am Meer und die berühmten Handelsgegenstände, die außerordentliche Fruchtbarkeit, das uneinnehmbare Befestigungswerk.

---

[121] Tobler/Molinier   aaO   S. 171
[122] Le Strange   aaO   S. 375
[123] aaO   S. 10, S. 376

Wilbrandus hat auch Tyrus beschrieben.[124] Er bewundert ebenfalls den nahen Libanon und den Quellenreichtum. Die Mauern und die Lage am Meer, das Tyrus von drei Seiten umspült, machen den Ort uneinnehmbar.

Die Fruchtbarkeit des Bodens und der Handel können von hieraus dagegen nicht bestätigt werden.

In einer leider späteren Zeit, um 1283, besucht Burchard de Monte Sion[125] die Stadt. Er geht zunächst auf die gewaltige Fruchtbarkeit dieser Gegend ein. Dann erwähnt er den zwar in Ruinen liegenden, doch immer noch bewundernswürdigen Aquädukt. Die ungewöhnliche Lage und die starken Befestigungen sind ebenfalls noch erstaunlich.

Etwa ein Jahrhundert vor Wilhelms Aufenthalt in Tyrus, im Jahre 1047, besucht Nasir-i-Khusrau die Stadt.[126] In seinem Tagebuch berücksichtigt er die Lage wie die vielen Quellen und den Reichtum der Stadt: „The City of Tyre is, in fact, renowned for wealth and power among all the maritime cities of Syria."[127] Auch der hohe Aquädukt wird erwähnt.

Idrisi fügt Bemerkungen über den guten Hafen und das kostbare Glas von Tyrus hinzu.[128]

Ibn Jubair[129] stellt den einzigen wirklich zeitgleichen und auch ausführlichen Augenzeugen für

---

[124] Tobler/Molinier   aaO   S. 164 f.
[125] aaO   S. 24 ff.
[126] Le Strange   aaO   S. 343
[127] ebda
[128] aaO   S.344
[129] ebda

Tyrus dar. Er beschreibt eindrucksvoll das ausgezeichnet bewachte Hafenbecken und die Uneinnehmbarkeit der Stadt, die „like a fortress" aussieht. Den Wasserreichtum erwähnt er auch.

Auch bei seiner Heimatstadt, bei der man am ehesten eine Voreingenommenheit des Autors hätte vermuten können, wird Wilhelm von Tyrus in vielen Details von verschiedener Seite bestätigt.

Damaskus

Wilhelm bezieht gerade Damaskus sehr stark in den Ablauf der Eroberungsgeschichte mit ein und gibt relativ wenige Details. Die berücksichtigten Gesichtspunkte hat er nur knapp ausgeführt; der Schwerpunkt liegt auf den dichtbestandenen Ufern des nahen Flusses, die dem Eroberungsplan dienen sollen. Sonst wird das Umland als unfruchtbar bezeichnet.

Von dem fast gleichzeitigen christlichen Bobachter Thietmar, der wohl um 1220 in Damaskus weilte, werden ebenfalls die reichen Gärten bewundert.[130] Die Größe der Stadt wird als eine erstaunliche Bevölkerungsmenge charakterisiert: „Non est quidam ualde munita, sed populosa adeo, quod numquam uidi ciitatem sic populosam."[131]
Der Boden wird allerdings im Gegensatz zu Wilhelm ganz allgemein als ausgesprochen fruchtbar und quellenreich bezeichnet.

Von den arabischen Zeugen sind zwei Zeitgenossen Wilhelms. Idrisi schreibt über Damaskus um 1154[132].

---

[130] Toblor/Molinier   aaO   im Anhang zur 2. Aufl.
bei eigener Paginierung S. 10 ff.
[131] aaO   S. 10
[132] Le Strange   aaO   S. 237 ff.   Idrisi wird allerdings nicht selbst dort
gewesen sein (aaO S. 7).

Er würdigt die Stadt sehr und bestaunt geradezu ihre Fruchtbarkeit. „Damascus is the most beautyful city of Syria, the finest in situation, the most temperate in climate, the most humid in soil, having the greatest variety of fruits, and the utmost abundance of vegetables. The greater part of the land here is fruitfull, and the most portion rich."[133] Die Angaben über den Flussverlauf und die Kanalisation sind sehr genau.[134]

Der Spanier Ibn Jubair besuchte 1184 die Stadt, die er in größter Ausführlichkeif in seinem Tagebuch beschreibt.[135] Auch er spricht von den herrlichen Gärten, dem ausgezeichneten Klima, der schönen grünen Ebene und bezeichnet das ganze Land sogar als „Paradise of Earth".[136]

Mittels dieser Quellen wird Wilhelm einerseits in seinen Beobachtungen in Damaskus bestätigt, andererseits aber auch widerlegt. Es scheint, dass hier die Kürze der Beschreibung gekoppelt mit der Perspektivenverengung auf die Eroberungsgeschichte zu einer mehr oberflächlichen Betrachtung geführt hat.

Abschließend lässt sich noch einmal feststellen, dass in der Mehrzahl der genannten Einzelheiten Wilhelm von verschiedenen anderen Zeitgenossen bestärkt wird. Nur in einem Fall, wird Wilhelms Aussage zur Unfruchtbarkeit einer Gegend deutlich korrigiert.[137] Die

---

[133] Le Strange   aaO   S. 237, passim
[134] aaO   S. 238
[135] aaO   S. 240 ff.
[136] aaO   S. 241
[137] Ibn Jubair, der betreffende Hauptzeuge, kann wohl als vorurteilsfreier, doch muslimischer Beobachter gelten (s. etwa die sehr genaue Schilderung der Moschee von Damaskus aaO   S. 241-252 (!)).

Untersuchung der übrigen Stadtbeschreibungen dürfte ein ähnliches Ergebnis zeitigen.

Damit kann Wilhelm als ein in der Regel sehr genauer Beobachter gelten, der ohne übertreibende Lobpreisung nur das wirklich Gesehene schildert.

Dies gilt auch im extremen Fall seiner Heimatstadt.

Der Grad der Genauigkeit in den Beobachtungen ist dabei allerdings noch nicht berücksichtigt worden. Hierfür möchte ich nur ein Beispiel heranziehen, nämlich die ausführliche Beschreibung des „templum Domini" in Jerusalem.[138]

Wollte man nach den oben angegebenen Details eine Zeichnung anfertigen, so käme man auf den folgenden Grundriss:

---

[138] Auch „templum Salominis", s.o. S.38

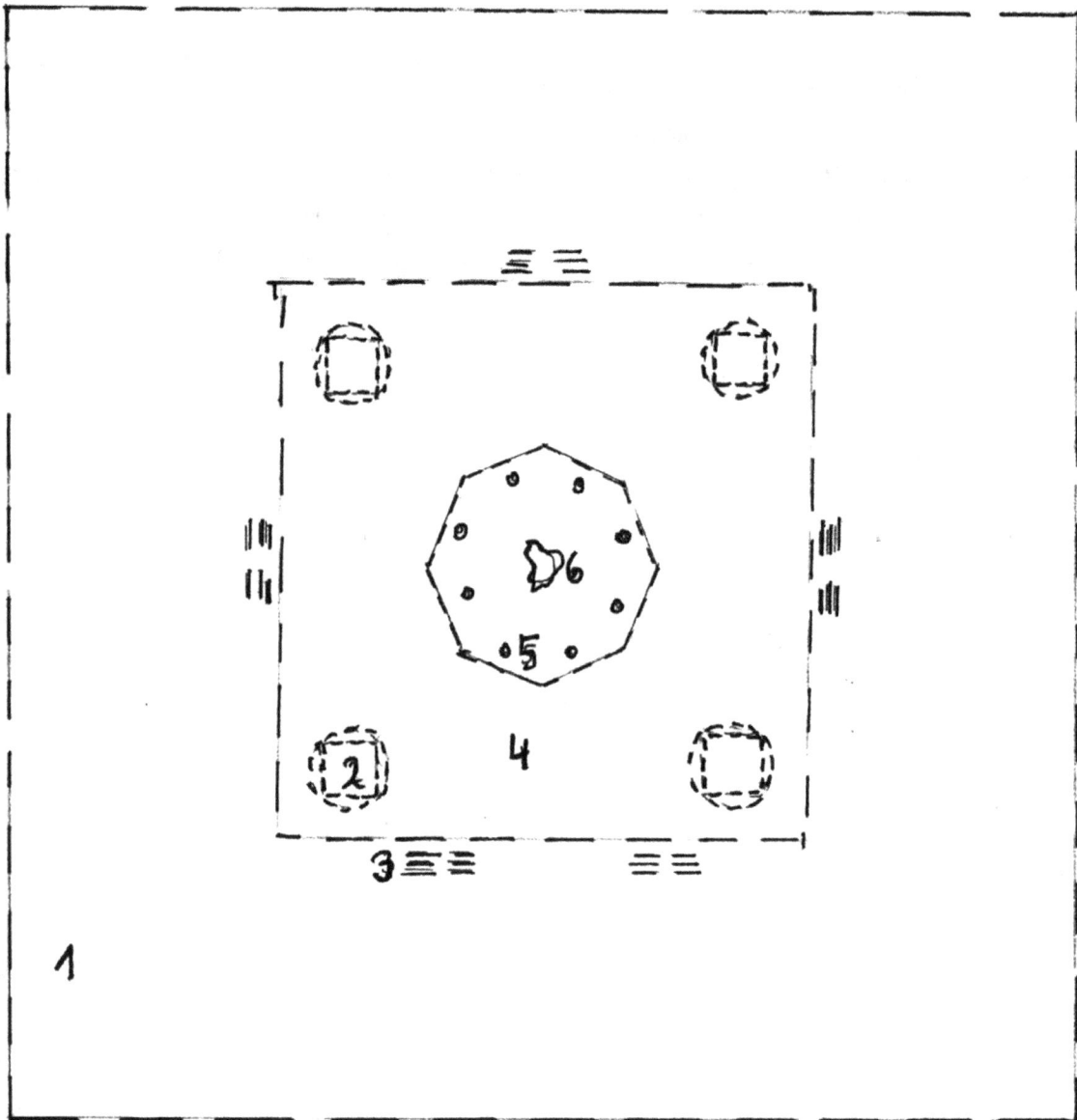

1	quadratische Umwallung, weiß gepflastert, Umfang fraglich
2	Kapellen, Zahl, Lage und Aussehen fraglich
3	fünf symmetrische Treppen, Anordnung ungewiss
4	quadratisches Podest unbestimmter Ausdehnung
5	Oktogonalbau, Größe unbestimmt, Zahl der Säulen fraglich
6	unbehauener Fels, Größe unbekannt

Die Tatsache, dass die gestrichelten, d.h. nach Wahrscheinlichkeit gezogenen Linien das Bild bestimmen, zeigt den Mangel an exakten Daten bei Wilhelm.

Dem möchte ich die entsprechende Beschreibung des wenig älteren Nasir-i-Khusrau gegenüberstellen:

„The edifice is built in the form of a regular octagon, and each of its eight sides measures 33 cubits (or 66 feet). There are four gates facing the four cardinal points - namely, east, west, north, and south; and between each of these is one of the oblique sides of the octagon. The walls are everywhere constructed of squared stones, and are 20 cubits (or 40 feet in height). The Rock itself measures 100 ells round. It has no regular form, being neither square nor circular; but is shapeless, like a boulder from the mountains. Beyond the four sides of the Rock rise four piers of masonry that equal in height the walls of the (octagonal) building; and between every two piers, on the four sides, stand a pair of marble pillars, which are like to the height of the piers. Resting on these twelve piers and pillars is the structure of the Dome, under which lies the Rock; and the circumference of the Dome is 120 cubits (or 240 feet)."[139]

Darauf folgt die genaue Angabe von Säulenreihen und Bögen, die Beschreibung der Gesamthöhe, des Steins und seiner Geschichte.

Aufgrund dieser Daten fertigte Le Strange einen Grundriss des Bauwerks an[140], den ich hier, in den Maßstab 1:500 gesetzt, wiedergeben möchte. Auch ein Aufriss wäre ohne weiteres erstellbar.

---

[139] Le Strange   aaO   S. 126 f
[140] aaO   S. 126

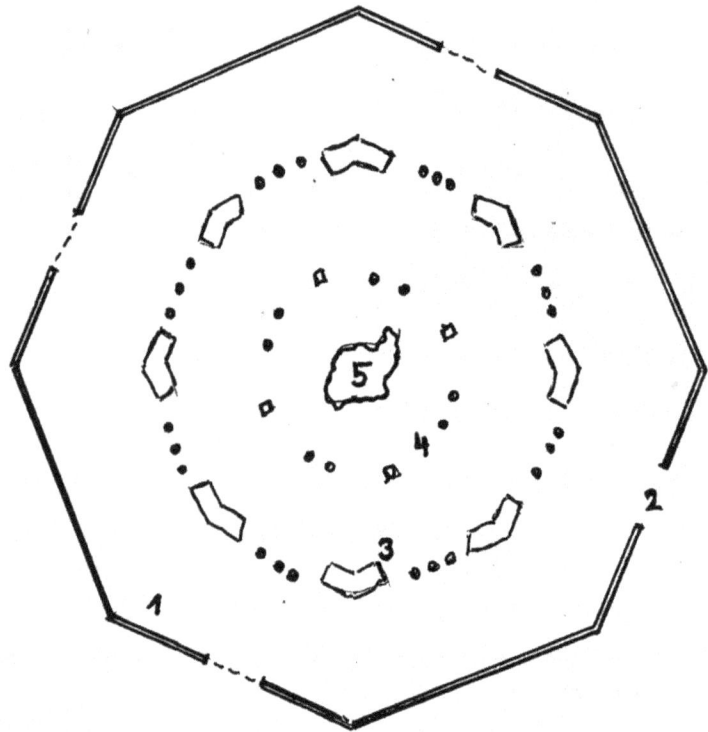

1 : 500   ——   5 m

1	Oktagonalbau, Seitenlänge 20,5 m
2	vier Tore, Breite ungewiss
3	erster Säulenkranz
4	zweiter Säulenkranz
5	amorpher Fels, 100 Ellen Umfang

bis auf die Breite der Tore sind alle Angaben maßstabsgetreu, d.h. in schwarzen Linien festlegbar

Trotz des relativ hohen Grades an Anschaulichkeit, den Wilhelm bei dieser Tempelschilderung erreicht[141], bleibt der Bericht technisch so wenig präzise, dass es kaum möglich ist, mehr als nur eine ungefähre Skizze des Kirchengrundrisses aufgrund seiner Angaben anzufertigen. Man kann also anhand dieser Gegenüberstellung das mangelnde Interesse an mathematisch exakten Einzelheiten bei Wilhelm konstatieren. Dadurch wird die bereits festgestellte Genauigkeit seiner Beobachtungen empfindlich eingeschränkt.

3.32 Überprüfung des Gesamteindruckes

Im letzten Abschnitt sind die von Wilhelm gegebenen Gesichtspunkte auf ihre Stichhaltigkeit hin untersucht worden. Aus einer derartigen Überprüfung kann aber nicht hervorgehen, inwieweit das aus verifizierbaren "Bausteinen" erstellte Stadtbild eventuell durch eine einseitige, willkürliche Auswahl der Beobachtungen verzerrt und unwirklich geworden ist. Ob diese Möglichkeit einer zwar nicht rein phantasiegeborenen, aber doch spürbaren Deformierung des Stadtbildes gegeben ist, soll anhand der oben schon benutzten Quellen geklärt werden.

3.321 Zeitgenössische Beschreibungen

Es wäre müßig, die oben angeführten Schriftsteller

---

[141] Seine Angaben werden von verschiedenen arabischen Autoren bestätigt. (Le Strange   aaO   SS. 123, 131).

mit ihren einzelnen Beschreibungen noch einmal ganz zu zitieren. Hier soll lediglich auf übereinstimmend belegte Auslassungen Wilhelms verwiesen werden.

Antiochia wird vor allem von Idrisi näher beschrieben. Die auffälligste Abweichung gegenüber Wilhelm liegt in der Betonung des Marktlebens: „It has wate in plenty running through its bazaars [...] . The bazaars of the city are thronged, and have splendid wares exposed here [...]."[142]
Wilbrandus dagegen fügt eine Schilderung eines Palastes hinzu.

Tyrus dagegen findet von Wilbrandus Seite keine wesentliche Ergänzung, ebensowenig von Burchards. Idrisi und Ibn Jubair aber stellen übereinstimmend fest, dass die Stadt durch große Sauberkeit besticht, vor allem auch auf den Märkten.[143]

Idrisi erwähnt fünf- bis sechsstöckige Karawansereien und berühmte Stoffe.[144]

Damaskus findet die längsten Erweiterungen. Sie betreffen in erster Linie die berühmte Moschee, die von Wilhelm gänzlich übergangen wird, dazu das Territorium mit den zugehörigen Dörfern und die Vorstädte. Die Märkte und ihre Sauberhaltung, verschiedene Kirchen, Kollegien, Hospitäler und Bäder werden von Ibn Jubair geschildert.[145]

---

[142] Le Strange   aaO S. 375
[143] aaO   S. 344
[144] ebda
[145] aaO   S. 237 ff

Überblickt man die Auslassungen auf eine gewisse Kohärenz hin, so fällt auf, dass das Marktleben von Wilhelm völlig beiseite gelassen wird. Auch öffentliche Häuser mit ihren Funktionen fehlen ganz, ebenso die islamischen Verehrungsorte. Auch pragmatische Betrachtungen, wie die Nutzung von Wasser und Kanälen, werden vernachlässigt.

3.32 Moderne Forschungsergebnisse

Nur in wenigen Werken wird heute versucht, einen zusammenhängenden Überblick über die mittelalterlichen vorderasiatischen Städte zu geben. Eine Ausnahme macht das breit angelegte Buch von Ernst Egli[146], in dem neben literarischen Quellen auch die archäologischen Befunde verarbeitet sind.

Für unser Gebiet, das Egli dem mittelislamischen Bereich zuordnet, werden leider wenige Orte angeführt. Stellvertretend für die übrigen Städte steht daher hier das Beispiel Damaskus.

Damaskus hat eine alte islamische Tradition; so war es von 660 bis 750 sogar Sitz der Omayyaden und damit Hauptstadt eines Weltreiches. Seit 1174 fiel es an die Eyubiden Ägyptens.[147]

Vor allem diese letzte Zeit hat viele große Bauwerke in Damaskus hervorgebracht: Hunderte von Moscheen, zahlreiche verschiedene Schulen, Bäder, Krankenhäuser, Kaufhäuser, Karawansereien und andere.[148] Neben diesen islamischen Elementen aber haben sich viele antike

---

[146] Egli, Ernst   Geschichte des Städtebaus
             2. Band.
             Das Mittelalter
             Zürich, Stuttgart oJ (1962)
[147] aaO   S. 276 f.
[148] aaO   S. 277

Züge im mittelalterlichen Stadtbild von Damaskus erhalten: „Damaskus zeigt, mehr noch als Aleppo, den antiken Kern einerseits und die angeschlossenen islamitisch-konzipierten Quartiere innerhalb und außerhalb des antiken Umfanges."[149]

16 solcher Quartiere soll es gegeben haben; im groben verteilten sie sich nach Christen (im Nordosten), Juden (im Südosten) und Muslims, an die der Rest fiel. Die Region des Marktes blieb besonders der antiken Tradition verhaftet: das zeigt der regelmäßige Straßenverlauf des Basars und die geplante Anordnung der dortigen Kaufhäuser.[150] Zahlreiche, weitgreifende Vorstädte zeugen vom Wachstum der Stadt.[151]

Auch für Jerusalem gilt im übrigen die Mischung islamischer und antiker Bauelemente, so dass römische, d.h. planvolle Hauptstraßenzüge beibehalten werden; jedoch dazwischen „entwickelte sich das Netz der unregelmäßigen, krummen, versetzten, über Eck laufenden Quartierstraßen mit den Abzweigungen der Sackgassen."[152]

Die Beschreibung der Stadt Damaskus bei Wilhelm hatte sich schon in der Gegenüberstellung mit arabischen Autoren als verkürzt und zum Teil unrichtig erwiesen. Die Befunde der modernen Forschung bestätigen dieses Ergebnis in eindeutiger Richtung: Wilhelm beschreibt islamische Städte stark vom Standpunkt eines christlichen Beschauers aus. Islamischer Tradition ist er trotz seiner aufgeklärten Haltung wenig zugetan.

---

[149] Egli, Geschichte   aaO   S.277
[150] aaO   S.275
[151] aaO   S.277
[152] aaO   S.279

3.323 Die islamische Stadtlandschaft

Die Größenordnungen feststellbarer „Stadtlandschaften" können verschieden gewählt werden.

Während etwa Siegfried Passarge[153] die Städte im arabischen Orient vom heutigen Standpunkt aus zusammenfasst, gibt Egli eine übergreifende Schilderung der islamischen Stadt, die er von Spanien bis Persien antreffen kann. Dem Unterschied der Einteilung liegt offensichtlich eine Diskrepanz in der wissenschaftlichen Haltung zugrunde. Passarge trifft seine Einteilung als Geograph nach vornehmlich landschaftlichen Gesichtspunkten. Die Bedingungen für eine besondere Stadtentstehung im Orient liegen bei ihm in klimatischen und geologischen Verhältnissen begründet.[154] Egli dagegen sieht zwar auch den klimatischen Hintergrund, doch ist ihm nicht dieser die Ursache des islamischen Stadttyps, sondern vielmehr „die Denk- und Gefühlswelt der Muslims"[155], die sich aus der Steppenwelt der Nomaden entwickelt hat. Dementsprechend liegt bei ihm die Besonderheit jeder islamischen Stadt „nicht in irgendeiner geometrischen Planidee, sondern in der Struktur der Stadt, die vollkommen der Struktur der islamischen Gesellschaft entsprach".[156]

---

[153] Passarge, Siegfried   Stadtlandschaften im arabischen Orient
                             in: Stadtlandschaften der Erde
                             Passarge, Siegfried (Hrsg) Hamburg   1968
                             (Nachdr.v.1930) S. 71 ff.

[154] aaO   S. 72 ff.

[155] Egli, Ernst   Der Städtebau des :Mittelalters
                     in: Studium Generale 16 1963 S. 351 ff. (hier: S. 365 f.)

[156] aaO   S. 366

Man kann mit Egli drei Wesenszüge der islamischen Stadt erkennen[157]:

1.   Grundeinheit der Stadt ist das meist durch religiöse Zugehörigkeit bestimmte Quartier; hier spielt sich das Gemeinschaftsleben ab, hier befinden sich die öffentlichen Gebäude wie Moschee, Bibliothek, Bad, Schule, Kaffees usw.

2.   Die Trockenzone bedingt ein Schutzbedürfnis der Stadtbewohner, das sich in einer nach innen gekehrten Haltung zeigt. Die Bauweise weist diese im Detail (fensterlose Häuser, mauerumzogene Grundstücke zur Straßenseite) wie im Bauzusammenhang (Netz der sich verästelnden Sackgassen) auf.

3.   Aus der politischen Struktur der islamischen Gesellschaft resultiert die deutlich gezogene Scheidung zwischen Herrscher- und Verwaltungsteil und dem übrigen Teil der Stadt.

Mit Passarge lassen sich übereinstimmende Grundzüge herausarbeiten.[158] Dabei sind zwei weitere, das Stadtbild beherrschende Elemente zu beachten: die starke religiöse Bindung der Stadtbewohner und das rege Wirtschaftsleben. Aus dem Ersten ergibt sich die große Zahl der den Stadtaufriss bestimmenden Minaretts und Moscheen, aus dem Zweiten das große Gewicht des Bazarviertels, des „Zentrum(s) des gesamten Wirtschaftslebens"[159], im Bauzusammenhang der Stadt.

---

[157] Egli, Geschichte   aaO   S. 258
[158] Die Allgemeinheit seiner Aussagen berechtigt, die Ergebnisse für die moderne Stadt auch auf die mittelalterliche zu übertragen. So lässt er z.B. Gebäudeformen bis in die frühe nachchristliche Zeit zurückreichen: „Wie Dr. Bartsch gezeigt hat, ist aus den Tonnengewölben der Basarstraße wahrscheinlich die römische und weiterhin christliche Basilika hervorgegangen." (Passarge   aaO S. 77)
[159] ebda

Die näheren Ausführungen, die Richard Busch-Zantner ausgehend von dem zitierten Aufsatz Passarges zur osmanischen Stadt macht[160], ergänzen das entstandene Bild. Busch-Zantner weist vor allem auf die aus wassertechnischen Gründen beliebte Hanglage der Wohnhäuser hin. Außerdem zieht er um die eigentliche Stadt noch die notwendig hinzukommenden Kreise von Friedhöfen, dann von Gartenanlagen mit Bewässerung und schließlich von Weide-und Großanbauflächen.

Den Eindruck, den ein moderner Betrachter vom inneren Aufbau dieser Städte erhält, mag ein Zitat nach Passarge veranschaulichen:

„Einzelhäuser und Gehöfte setzen nun die Stadt zusammen, und zwar bilden sie ein unglaubliches Gewirr von Gassen, Gässchen, Sackgässschen, überwölbten, tunnelartigen Gängen, die hier und dort aus Löchern Oberlicht erhalten. Durchgehende, nach unseren Begriffen ganz enge, geradlinige Straßen treten nur vereinzelt auf und bilden dann ganz besonders wichtige Verkehrs- und Handelsstraßen. Hier und dort kommen auch Plätze vor, sind aber gewöhnlich klein und von ganz unregelmäßiger Form."[161] Ähnlich wirkt das Basarviertel „mit seinem Wirrwarr engster Gässchen, Sackgässschen, mit von Tonnengewölben überdeckten Hallen und Kreuzgängen und den winzigen, in die Wände der Wohnhäuser eingebauten Läden[...].[162]

Es ist allerdings zu prüfen, welchen Stellenwert die zur Zeit Wilhelms schon mehrere Generationen in fränkischen Händen befindlichen Städte Palästinas innehaben. Sind sie durch die Christen starken Veränderungen unterworfen worden? Heben sie sich ab

---

[160] Busch-Zantner, Richard   Zur Kenntnis der osmanischen Stadt
                                       in: Geographische Zeitschrift   1932 S. 1 ff.

[161] Passarge   aaO   S. 75 f.
[162] aaO   S. 76f.

von den übrigen beschriebenen christlichen oder islamischen Orten wie Konstantinopel oder Alexandria?

Egli unterscheidet keine christliche Bauperiode im Heiligen Land, und zeitgenössische Beobachter islamischer Herkunft weisen auf die ermöglichte Koexistenz der konfessionell geschiedenen Bevölkerungsteile hin.[163] Man muss wohl in diesem Zusammenhang vor allem den chronischen Leutemangel der Franken im Heiligen Land berücksichtigen, wodurch grundlegende Eingriffe in das Aussehen der Städte sich von vornherein verboten.[164] Abgesehen von zahlreichen Befestigungsanlagen und natürlich christlichen Bauten[165] ist von der fränkischen Eroberung eine Unterbrechung der islamischen Stadttradition in architektonischer Hinsicht daher kaum zu erwarten.

Hält man an den erarbeiteten Maßstab nun vergleichsweise die Gesichtspunkte, die Wilhelm von Tyrus bei

---

[163] So Ibn Jubair bei der Beschreibung von Tyrus (Le Strange   aaO   S. 344)
[164] Mayer, Hans Eberhard   Geschichte der Kreuzzüge
                              Stuttgart usw oJ (1965)
„Wenn das Joch fränkischer Herrschaft für die Muslime nicht allzu drückend war, so nur deshalb, weil Menschenmangel zu allen Zeiten das größte Problem der Kreuzfahrerstaaten war." (hier S. 144)
[165])Mayer zeigt (aaO   S. 146) die Besiedlung um Burganlagen in der Nähe der alten Städte. Er spricht zwar von der großen Bautätigkeit der Franken (aaO S. 168), doch beschränkt auch er seine Beispiele auf wenige Kirchen und einen Palast.
Der Hinweis Wilhelms auf die Minaretts am Felsendom zeigt jedenfalls für Jerusalem die bauliche Tradition.

seinen Beschreibungen der palästinensischen Städte berücksichtigt, so kann man bereits seine Beschreibungsart negativ charakterisieren, und im Überblick auch über die vorausgegangenen Gegenüberstellungen lässt sich zusammenfassend sagen:

Wilhelm von Tyrus gibt in seinen Stadtbeschreibungen verifizierbare Einzelheiten, doch ist die Exaktheit dieser Daten nicht groß. Das Gesamtbild seiner Städte trifft in der Regel **nicht** den Typ der mittelalterlichen, islamisch geprägten Stadt.

Dabei ist allerdings zu berücksichtigen, dass gerade die typisch islamischen Religions- und Wirtschaftsformen zwar architektonisch in Erscheinung treten, aber dennoch weitgehend nicht ausgeübt werden durften.

Eine Stadt allerdings wird von diesem Modell nicht miterfasst: das hochmittelalterliche Konstantinopel. Wilhelm hat diese Stadt sehr knapp behandelt, wenn auch die wenigen Ortsangaben, die er zur Anlage macht, richtig sind.

Vergegenwärtigt man sich die Rolle Konstantinopels zu dieser Zeit und sein ausgedehntes und markantes Stadtbild, so ist an dieser Stelle eine ungerechtfertigte Kürze Wilhelms zu konstatieren. Konstantinopel, wohl die einzige "Weltstadt" in Wilhelms Gesichtskreis, "donne le ton et, au moins jusqu'à l'occupation latine, à tout le monde méditerranéen, qui a vu en elle la capitale du luxe."[166]

---

[166] Guillon, André   Aspects de la civilization byzantine
                                             in: Annales E.S.C. 24   1969
                                             S. 1149 ff. (hier: S. 1160)

Ein Blick auf eine historische Karte[167] zeigt uns eine dicht besiedelte Fläche von mindestens 3 × 2,5 km innerhalb der konstantinischen Mauer.
Das Stadtgebiet ist unterbrochen von großen Plätzen und gekennzeichnet durch eine große Anzahl römischer Triumphsäulen. Etwa 2 km weiter westlich des Mauerrings schließt die gewaltige, mit Türmen bewehrte theodosianische Mauer ein hügeliges Gelände ein, das vor allem als Kampfvorfeld und den großen Zisternenanlagen dient. Hier scheinen nur an den Ausfallstraßen Häuser gestanden zu haben. Auch der gewaltige Kaiserpalast, zuletzt von Manuel erweitert, bleibt bei Wilhelm unerwähnt, ebenso die große handelspolitische Bedeutung der Stadt, die besonders von Genuesen und Venezianern begründet wurde. Diese hatten auch ihre eigenen Quartiere im Norden der Stadt.

Selbst ein so grober Überblick[168] beweist bereits die Verzerrung des Stadtbildes durch Wilhelm. Dies ist auch am Fehlen einer lobreichen Würdigung etwa der Befestigungsanlage zu spüren. Sein Verhalten fällt darum besonders auf, weil er ja selbst mehrere Male für längere Zeit in Konstantinopel am Kaiserhof weilte. Hier ist Wilhelm offensichtlich negativ engagiert. Man kann seine Abneigung wahrscheinlich auf das Verhalten der Stadt gegenüber den Kreuzfahrerheeren zurückführen.

.

---

[167] Hier benutzt wurde das Kartenwerk
Völker, Staaten und Kulturen
Braunschweig oJ (1957)
(hier: S.. 25 „Konstantinopel im Mittelalter").
 Sehr viel schlechter ist die Karte von F. Taeschner in:
Putzger, F.W.   Historischer Weltatlas
                   Bielefeld usw oJ 87 1965)
                       (hier: S. 31, IV),
da sie den unterschiedlichen Grad der Bebauung östlich und westlich der konstantinischen Mauer nicht ausreichend deutlich macht.
[168] Zu weiteren Einzelheiten s. Egli, Geschichte   aaO S. 250 ff.

Neben die bereits herausgearbeitete Verzerrung des Bildes einer rein islamischen Stadt tritt also noch die Möglichkeit einer in seiner Schroffheit wohl bewussten Degradierung und damit Deformierung einer (hier christlichen) Stadt. Wie die erste Feststellung zur Korrektur einer „realistischen" Schreibweise Wilhelms Anlass gibt, so schränkt die zweite empfindlich seine berufene Unvoreingenommenheit ein. Die Hauptgruppe der beschriebenen Städte aber, die fränkisch beherrschten Städte Palästinas, stehen in einer islamischen Tradition, die sich nicht ausleben darf - die Abbildungsnähe bei Wilhelm lässt sich daher hier am schwersten beurteilen. Einem derartigen Zwiespalt jedenfalls werden Wilhelms Stadtbeschreibungen nicht gerecht, und das sicher vorhandene islamische Element im Aufriss der Stadt wird übersehen, besonders wenn man bedenkt, dass Wilhelm vorzüglich die Geschichte der Orte wiedergibt. Hier ist das Überspringen der islamischen Phase sehr deutlich. Man muss darauf verweisen, dass dieses Problem wenig untersucht ist und selbst Egli ihm keine Beachtung schenkt. Auch bei diesen Städten ist also eine völlig unvoreingenommene Beschreibung nicht anzusetzen, wie bisher angenommen wurde.[169]

---

[169] Propst   aaO   S. 61: Die Beschreibung Jerusalems „zeigt, wie es im Jerusalem der Kreuzfahrer nach dem Zeugnis eines hochgebildeten Zeitgenossen und Augenzeugen wirklich aussah." Das gilt sicher erst dann, wenn man dem Betrachter zumindest das Epitheton „christlich" beifügt.

4.1 Untersuchungsmethode

Die andere literarische Gattung und die Kürze des Werks von Marco Polo müssen sich auch in der Untersuchungsmethode niederschlagen; denn eine reiseberichtähnliche Weltbeschreibung wird kaum „Beschreibungen" besonders herausheben, wie es bei den geographischen Exkursen Wilhelms der Fall ist. Daher müssen zunächst alle mit mehreren Details versehenen Städte unter die Beschreibungen gereiht werden. Ausnehmen will ich jene Orte, die an betreffender Stelle nur genannt sind, d.h. jeweils nur mit einem Merkmal versehen werden.[170] Anhand dieser Unterscheidung finden sich in der „Weltbeschreibung" 114 Orte überhaupt, davon 29 nur genannt, 85 dagegen beschrieben. Eine Abgrenzung zwischen Stadt und Dorf scheint Marco Polo geläufig gewesen zu sein; denn

a)   trennt er Dörfer und Städte[171],

---

[170] Dazu zählen zum Beispiel die 11 Orte im Vorspann, von denen Marco Polo selbst sagt: „As to what they [Nicolo und Maffeo] met with on the road, whether in going or coming, we shall give no particulars at present, because we are going to tell you all these details in regular order in the after part of this book." (Yule, Marco Polo aaO   Bd 1, S. 25), häufiger auch Vergleiche etwa mit Venedig, vor allem die Preise betreffend (aaO   Bd. 1, S. 424; Bd 2, S. 153, S. 181 passim), auch Nennung einer Durchgangsstation wie Conia (aaO   Bd 1, S. 43) und Hinweise auf eine Stadt, die mit der beschriebenen verglichen wird (aaO   Bd 2, S. 13).
[171] So bei der Beschreibung der Provinz Pein: „They have a good number of towns and villages[..]"   (aaO   Bd.1, S. 191)

b)   ist keiner der beschriebenen Orte mit „Dorf" qualifiziert, die meisten dagegen mit „Stadt".

   Schwieriger ist es dagegen, die Stadtbeschreibungen immer sicher von einer Landschaftsschilderung zu trennen, besonders in Persien, wo die betreffende Stadt meist Hauptstadt einer gleichnamigen Provinz ist[172]. Daher wurden nur Beschreibungen aufgenommen, die aus dem Kontext eine Ortsbeschreibung ausmachen ließen.

4.2   Untersuchungen der Stadtbeschreibungen

Trotz der hohen Zahl von Stadtbeschreibungen soll jeweils eine knapp gefasste Inhaltsangabe im folgenden geboten werden, da - wie unten noch näher zu zeigen sein wird - bei Marco Polo das formale Element eine große Rolle spielt. Ich werde, soweit dies möglich ist, die modernen Ortsnamen beifügen, und zwar in der üblichen englischen Transskription, was vor allem die chinesischen Orte betrifft[173]. Die neueste mir zur Verfügung stehende Karte ist „China, Mongolia und Korea" von J. Bartholomew, Edinburgh, zuletzt revidiert 1968. Ihr Maßstab, 1 : 4,5 mio, machte leider einige Ortsidentifikationen unmöglich.[174]

---

[172] Herausgefallen ist dadurch z.B. die Stadt Kerman (Yule, Marco Polo   aaO   Bd 1, S. 90), wo die Beschreibung grundsätzlich dem Königreich gilt und erst abschließend der gleichnamige Ort erwähnt wird.

[173] Es ist zu bedenken, dass seit Erscheinen der letzten ausführlichen Kommentare zur „Weltbeschreibung" in den 30er Jahren dieses Jahrhunderts sehr viele Orte neu benannt worden sind, so dass hier eine echte Lücke entstanden ist.

[174] Diese Namen wurden mit eckigen Klammern versehen.

Layas[175] -   Lajazzo

ist eine große Stadt an der See mit großem Handel, wo vor allem Tuche aus dem Landesinnern herangeschafft und umgeschlagen werden. Der Besuch von Händlern auch aus dem Abendland macht den Ort zu einem wichtigen Durchgangsplatz zum Innern von „Kleinarmenien"

.

Arzinga[176] - Erzingan

besitzt die besten Baumwollmanufakturen. Es liegt in „Großarmenien" und ist versorgt mit besten Bädern und heißen Quellen.[177] Arzinga wird als edelste Stadt apostrophiert, es ist Erzbischofssitz.

Baudas[178] – Bagdad

ist eine große Stadt, ehemals Sitz des sarazenischen Kalifen. Ein großer Fluss fließt hindurch, der zur Indischen See führt und auf dem sich ein großer Warenverkehr bis zur Hafenstadt Kisi[179] abspielt. Dazwischen liegt Bastra[180] inmitten von Dattelpalmen. Es werden die kostbaren, mit hübschen Motiven versehenen Stoffe gelobt. Baudas gilt als edelste und größte Stadt der Gegend. Dann schließt sich die Geschichte der Eroberung durch Hülagü an, dann eine Wundererzählung[181].

---

[175] Yule, Marco Polo   aaO   Bd 1, S. 41
[176] aaO   Bd 1, S. 45
[177] Moule/Pelliot   aaO   Bd 1, S. 96
[178] Yule, Marco Polo aaO   Bd 1, S. 63 ff.
[179] Kais am Persischen Golf
[180] Basra, damals wohl am Tigris
[181] Moule/Pelliot   aaO   Bd 1, S. 105 (erst nach Tauris)

Tauris[182] - Täbris

Die große und edle Stadt liegt in der Provinz Irak und gilt dort als edelste aller Städte; man findet Handel und Handwerk, vor allem Herstellung kostbarer Stoffe. Es hat eine gute Lage als Umschlagplatz und treibt Handel mit Indien, Bagdad, Lateinern und anderen. Tauris ist vor allem ein guter Markt für Edelsteine. Die Händler haben guten Profit, doch die Einwohner sind arm und gelten als hinterlistig; sie stellen eine Mischung von Nationen und Religionen dar. Die Urbevölkerung war mohammedanisch. Der Ort ist von hübschen, fruchtreichen Gärten umgeben.

Yasdi[183] - Jesd

liegt in Persien und ist ein guter und edler Ort mit großem Handel. Seide wird in großen Mengen hergestellt. Die Einwohner sind Muslims. In der Umgebung findet sich viel Wald und Wild.

Camadi[184] –

erreicht man nach Durchquerung einer großen Ebene. Es war früher groß und edel, doch ist es jetzt unwichtig geworden, nachdem es mehrere Male von den Tataren zerstört wurde. Der Anbau von Getreide wird erwähnt.[185] Die Schilderung geht über in eine Anekdote von den räuberischen Caraunas.

---

[182] Yule, Marco Polo aaO   Bd 1, S. 74 ff
[183] aaO   Bd 1, S. 88
[184] aaO   Bd 1, S. 97, besteht heute nicht mehr. Nach
Gabriel, Alfons   Marco Polo in Persien
                      Wien oJ (1963) (hier: S. 129f.)
wohl östlich von Soltanabad, heute als Ruinenfeld zu sehen. Früher war es eventuell
die Hauptstadt von Djiruft.
[185] Moule/Pelliot aaO Bd 1, S. 120

Hormos[186] –

Man erreicht Hormos durch eine fruchtbare Ebene; es liegt am Meeresufer und hat einen Hafen, der Händler von Indien mit Schiffsladungen von Gewürzen, Edelsteinen, kostbaren Stoffen, Elfenbein und anderem anzieht. Mit diesem riesigen Handel ist Hormos Hauptstadt über viele Städte und Dörfer. Es wird regiert von einem König, der von dem König von Kerman abhängig ist. Die große Sommerhitze verdörrt alles und zwingt die Einwohner zum Sommeraufenthalt in den Gärten am Wasser (es folgt eine Anekdote vom Sandsturm). Die Einwohner sind schwarzer Hautfarbe und Muslims; es werden ihre Essgewohnheiten und deren Wirkung auf ausländische Besucher, ihre Bestattungsriten und ihre Anbausitten geschildert.

Cobinan[187] - Kuh Benán

liegt am Rande der großen Wüste des Königreiches Kerman. Es ist eine große islamische Stadt, bei der viel Eisen, Stahl und „Ondanique" gewonnen wird. Neben Stahlspiegeln wird auch ein gutes Augenheilmittel hergestellt, dessen Herstellungsprozess näher beschrieben wird.

Sapurgan[188] - Shibarghan

Vom hohen Gebirge aus erreicht man die Stadt, die an allen notwendigen Waren großen Überfluss hat,

---

[186] Yule, Marco Polo aaO Bd 1, S. 107 ff.
Hormos war früher ein Ort auf dem Nordufer der Ausbuchtung der Straße von Ormus, der dann auf die gegenüberliegende Insel übersiedelte; es sind heute Ruinen. Die Übersiedlung muss schon z.Z. Ramusios geschehen sein, denn er verbessert Marcos Angabe stillschweigend in „auf der Insel". Entsprechend:
Lemke, Hans (Hrsg) Die Reisen des Venezianers
                   Marco Polo im 13. Jahrhundert
                   Hamburg 1908 (hier:S.99)
[187] Yule, Marco Polo aaO Bd 1, S. 123 ff
[188] aaO   Bd. 1 S.149

besonders ihre meist getrocknet aufbewahrten Melonen gelten als die besten der Welt. Es werden einige Handelsgegenstände, Vögel und Waldtiere genannt.

Balc[189] – Wazirabad

ist edel und groß, war jedoch früher viel größer, bevor es von den Tataren zerstört wurde, und hatte damals viele schöne Paläste und Marmorgebäude, die jetzt in Ruinen liegen. Hier soll Alexander die Tochter des Darius geheiratet haben. Balc liegt an der Grenze zwischen Persien und dem Reich des tatarischen Ostherren. Es werden weiter Flora und Fauna des Umlandes berührt.

Taican[190] - Talig-an

ist berühmt als großer Kornmarkt; in der Nähe wird Salz abgebaut. Das Umland wird näher geschildert.

Casem[191] – Kishm

ist die Hauptstadt der Provinz Casem und wie andere Städte der Gegend einem Grafen unterworfen; sie liegt an einem Fluss. Man spricht hier eine eigene Sprache. Die zahlreichen Stachelschweine in der Umgebung werden mit Hunden gejagt. Die Viehzucht treibenden Bauern sollen in Berghöhlen hausen. Es werden die angrenzenden Provinzen aufgezählt.

---

[189] Yule, Marco Polo   aaO Bd 1, S. 151; früher Balkh
[190] aaO   Bd 1, S. 153. Taican steht auf der Grenze zwischen Stadt und Dorf: Moule/Pelliot   aaO   Bd 1, S. 135 nennen es „village", Yule nennt es erst „Burg", dann „Stadt".
[191] Yule, Marco Polo   aaO Bd 1, S. 153

Casgar[192] - Kashgar

wird die schönste und größte Stadt der gleichnamigen Provinz genannt. Die Einwohner leben vom Handel und Handwerk, sie gelten als unleidlich. Schöne Gärten und Weinberge, auch gute Baumwolle findet man dort, die Fernhändler anlockt. In der näheren Umgebung gibt es einige nestorianische Christen.

Samarcan[193] - Samarkand

ist eine große und edle Stadt in Richtung NW, von Christen und Muslims bewohnt, die dem Neffen des Großkhans unterworfen sind. Im Verlauf der anschließend beschriebenen Herrscherzwiste wird auf eine naheliegende runde[194] christliche Bekehrungskirche hingewiesen.

Cotan[195] - Khotan

liegt zwischen Ost und Südost in einer acht Tagereisen ausgedehnten Provinz. Das dortige Königreich ist nach dieser edelsten aller Städte benannt. Alle Waren gibt es im Überfluss, z.B. Baumwolle, Flachs, Weizen und Wein. Die Leute haben große Landgüter und Weinberge, sonst lebt man vom Handel und Gewerbe, nicht vom Krieg.

Pein[196] –

erreicht man durch die gleichnamige Provinz, in der es die edelste Stadt ist. Ein Fluss fließt hindurch, der viele Edelsteine mit sich führen soll.

---

[192] Yule, Marco Polo aaO   Bd 1, S. 181
[193] aaO   Bd 1, S. 183
[194] Moule/Pelliot   aaO   Bd.1, S. 144
[195] Yule, Marco Polo aaO   Bd 1, S. 188
[196] aaO   Bd 1, S. 191. Pein ist bisher nicht sicher geortet. Da Marco sich seit Casgar auf der vielbereisten mittelalterlichen Seidenstraße bewegt (Olschki, Asia   aaO   S. 22), könnte es sich hier um das heutige Kerija am Kerija Darja handeln, ehemals Bhima
(Lemke   aaO S. 141).

Charchan[197] - Tschertschen

ist Hauptstadt der gleichnamigen Provinz mit vielen abhängigen Dörfern und Städten. Die Flüsse im Umland sollen ebenfalls zahlreiche Edelsteine aufweisen.

Lop[198] –

Man gelangt nach schwerem Marsch in die Stadt Lop in der gleichnamigen Provinz am Rande der Wüste Lop. Die Einwohner sind Muslims, sie sind Untertanen des Großkhans. Karawanen pflegen hier vor dem Ritt in die Wüste eine Woche Halt zu machen. Es folgt eine Beschreibung der Wüste als „Sandmeer", die von Ramusio noch ausgemalt wird.[199]

Sachiu[200] - Tun-huang

In Richtung zwischen Nordost und Ost durch die Wüste reisend, erreicht man Sachiu, eine Stadt in der Provinz Tangut. Die Einwohner sind meist "Götzenanbeter"[201], einige Nestorianer und Muslims sind darunter. Die Götzenanbeter haben eine eigene Sprache, sie sind keine Händler, sondern Bauern. Es werden Beispiele ihrer Sitten gegeben.

Camul[202] –

ist die Hauptstadt der gleichnamigen Provinz, die früher ein Königreich war. Das Umland wird näher beschrieben. Die Einwohner sprechen eine eigene

---

[197] Yule, Marco Polo   aaO Bd 1   S. 194
[198] aaO   S. 194, 196. Der Ort Lop ist nicht bekannt. Berühmt dagegen ist der LopNor, ein seit je wandernder See, der heute 100 km nördlich der Seidenstraße bei ca. 90 Grad westlicher Länge sich erstreckt, in dieser Gegend wird die Stadt wohl zu suchen sein.
[199] Moule/Pelliot   aaO   Bd 1, S. 150
[200] Yule, Marco Polo   aaO Bd 1, S. 200
[201] Marcos Ausdruck für „Buddhisten"
[202] aaO   Bd 1, S. 209. Es ist nicht sicher geortet, evtl. das heutige Chami, was aber einen weiten Sprung nach Norden bedeutete.

Sprache, sind Götzenanbeter und meist Ackerbauern, auch Kleinhändler. Sie gelten als leichtsinnig. Weiter werden die jüngste Geschichte der Gegend und verschiedene Sitten erzählt.

Carachoco[203] –

hat als Hauptstadt der Provinz Juguristam viele andere Städte unter sich. Die Einwohner sind Götzenanbeter, doch finden sich auch Nestorianer und Muslims; Mischehen sind häufig. Ein Abstammungsmythos wird unter Zurückhaltung („dicunt") berichtet; die Laien werden als gebildet gezeigt. Es wächst Getreide und guter Wein, obwohl der Ort im Winter der kälteste der Welt sein soll.

Sukchu[204] - Kruchuan

erreicht man durch die gleichnamige Provinz, die der Provinz Tangut angehört. Die Einwohner, zum Teil Christen, zum Teil Götzenanbeter, sind dem Großkhan unterworfen.

Campichu[205] - Chang yeh

ist eine sehr große und edle Stadt in Tangut, dessen Hauptstadt und Verwaltungssitz sie ist. Die Bevölkerung besteht aus Götzenanbetern, Muslims und Christen mit ihren Kirchen. Im Umland sind verschiedene Klöster und Idole der Götzenanbeter zu sehen.

---

[203]Fehlt bei Yule, stellt den für diese Arbeit einzigen bedeutsamen Zusatz der von Moule/Pelliot aaO Bd 2 veröffentlichten Toledo-Handschrift dar (hier: Bd 2, S. XX). Es scheint sich hier um die berühmte Ruinenstadt von Karachoto am Gashun Nor inmitten der Wüste Gobi zu handeln. Da diese Stadt sich fast ebensoweit im Norden befindet wie Chami, wird eine nördliche Abweichung vom WO-Pfad Marcos denkbarer, als Yule ohne Kenntnis dieser Stelle glauben musste (Yule, Marco Polo aaO Bd 1, S. 211, Anm. 1: „It appears very doubtful, if Marco himself had visited it [Camul].").
[204] aaO Bd 1, S. 217
[205] aaO Bd 1, S. 219

Etzina[206] –

Marco erreicht die Stadt am Rande der Provinz Tangut. Die Einwohner sind Götzenanbeter. Es sind viele Kamele, gute Vögel und andere Tiere anzutreffen. Die Menschen sind Acker- oder Viehbauern, Handel wird nicht betrieben. Zur Weiterreise ist hier eine Proviantierung für 40 Tage nötig.

Caracoron[207]- Karakorum

wird als die erste Tatarenstadt bezeichnet. Sie hat einen Umfang von drei Meilen und ist mit einen breiten Erd- und Holzwall[208] versehen, da Steine in dieser Gegend selten sind. Ein großer Palast zeugt von der Macht der Tataren, deren ganze umständliche Ausbreitungsgeschichte hier angeschlossen wird.

Erguiul[209] – Wuwei

erreicht man in einer Ebene als Hauptstadt der gleichnamigen Provinz innerhalb von Tangut. Es werden weitere Reiseverbindungen erörtert.

Sinju[210] – Sining

liegt ebenfalls in Tangut, es hat viele Dörfer und Städte unter sich und untersteht dem Großkhan. Die Einwohner sind Götzenanbeter, Muslims, auch Christen. Verschiedene Tiere werden beschrieben.

---

[206] Yule, Marco Polo   aaO   Bd 1, 5. 223, nicht sicher geortet
[207] aaO   Bd 1, S. 226
[208] Moule/Pelliot   aaO   S. 161, Bd 1
[209] Yule, Marco Polo   aaO   Bd 1, S. 274, früher Liang-chow-fu
[210] aaO   Bd 1, S. 274

Calachan[211] –

liegt im Südosten, auf dem Weg nach „Katai"[212], es ist die Hauptstadt der Provinz Egrigaia in Tangut. Es gehört zum Großkhan. Die Einwohner sind vor allem Götzenanbeter, doch haben auch die Nestorianer dort drei Kirchen. Man vorarbeitet Kamelhaar und lebt vom Handel.

Tenduc[213] – [Kuku-khoto]

ist Hauptstadt der im Osten liegenden gleichnamigen Provinz. Der König, ein Abkömmling des sagenhaften Priesters Johannes[214], ist dem Großkhan untertan, die Verwaltung liegt allerdings beim Priester Johannes. Bei der Umlandbeschreibung versucht Marco, eine rationale Erklärung für die Sagenvölker Gog und Magog zu finden.

Sindachu[215] - Siuen-hwa-fa

Diese Stadt ist vor allem berühmt für die großen Fabriken zur Ausstattung der königlichen Truppen. In der Nähe wird Silber gefunden. Man kann hier gut jagen.

---

[211] Yule, Marco Polo Bd 1, S. 281, nicht sicher geortett, evt. Bayenhot.
[212] Yule, Sir Henry   Cathay and the Way Thither
                 bearb. v. Cordier, Henri
                 4 Bde Nendeln 1967 (Nachdruck v. 1913-16)
gibt die sprachgeschichtlichen Erläuterungen zu diesem Begriff für „Nordchina" (aaO Bd 1 S.146 ff). Die übrigen Provinznamen bei Marco bleiben hier unerklärt, da sie sich nur selten mit den heutigen Provinzgrenzen decken und daher sehr umständlich zu beschreiben wären. Die Nachvollziehung der Reiseroute wird ja durch die modernen Ortsangaben ermöglicht.
[213] Yule, Marco Polo   Bd 1 S. 284, mir unauffindbar.
[214] s. die Ausführungen bei Hennig, Richard
                 Terrae incognitae
                 Bd 3 Leiden (2.verb. Auflage. 1953)
                 (mir unzugänglich)
[215] Yule, Marco Polo Bd 1 S. 285

Chagan Nor[216] –

wird richtig als „Weißer See" interpretiert[217], aber im Weiteren als Stadt mit großem Palast des Großkhans beschrieben. Im Umland finden sich stehende Gewässer mit vielen Tieren, die zur Jagd einladen. Einige merkwürdige Vögel werden näher beschrieben.

Chandu[218] –

liegt drei Tagereisen nordöstlich von der letztgenannten Stadt und wurde vom jetzigen Großkhan, d.h. von Kubilai, gegründet. Es folgt eine eingehende Schilderung des Sommerpalastes mit der wald- und tierreichen Umgebung. Ob es sich überhaupt um eine Stadt handelt, entscheidet der Text Yules nicht; Ramusio dagegen spricht von der Lage des Palastes zur Stadt.[219]

Cambaluc[220] – Peking

ist die Hauptstadt des Tatarenreiches im Osten und Sitz des Großkhans. Die Sitten der Familie Kubilais, er selbst und die Gewohnheiten seines Hofes werden in diesem Abschnitt immer wieder in die Stadtbeschreibung eingefügt. Nach weitschweifiger Darstellung des Hofzeremoniells im Jahresablauf folgt eine Beschreibung des Kaiserpalastes.[221]

---

[216] Yule, Marco Polo   aaO   Bd 1, S. 296, der See ist der heutige Böön Tsagan Nuur, südwestlich von Karakorum. Die Stadt ist nicht bekannt.
[217] Moule/Pelliot   aaO Bd 1, S. 183
[218] Yule, Marco Polo aaO   Bd 1, S. 298, ehemals als Shangtu bekannt, heute wohl nur noch Ruinen (aaO   Bd 1, S. 304, Anm. 2).
[219] Moule/Pelliot   aaO   Bd 1, S. 186
[220] Yule, Marco Polo aaO   Bd 1, S. 348 ff.
[221] aaO   Bd 1, S. 362 ff.; Moule/Pelliot   aaO   Bd 1, 8. 207 ff.: von Ramusio viel weiter ausgemalt.

Der Palast wird von einer vier Meilen langen, dicken Mauer aus weißem Marmor quadratisch umschlossen. Im Süden zeigt die Mauer fünf Tore, deren mittleres allein dem Großkhan zugänglich ist. Die innere zweite Mauer umschließt ein Rechteck, das im Norden an die erste Mauer anschließt. Auch diese Mauer wird im Süden von fünf Toren durchbrochen. Beide Höfe bieten Platz für etliche Gerätehäuser.

Das Gebäude selbst hat kein oberes Stockwerk. Ein Balkon mit Marmorbalustrade läuft rundherum, ein leichtes, schwingendes Dach deckt es. Die Säulen sind voller goldener und silberner Bilder von Drachen, Vögeln, Göttern, Rittern und anderen. Das gleiche gilt für den Fußboden und für die Innenseite des Daches. An jeder Seite führt eine breite Marmortreppe zum hochgelegenen Etagenniveau, wo sich herrliche unbetretbare Räume ausdehnen.

Zwischen den Mauern befinden sich gepflegte Gärten, die von gepflasterten Straßen durchzogen werden. Nach Nordwesten erstreckt sich ein großer, fischreicher See. Im Norden wurde ein künstlicher Hügel, der „Grüne Berg" mit dem „Grünen Palast", angelegt. Ein auf dem anderen Seeufer gelegener Palast des Thronfolgers ist mit dem Hauptpalais durch eine Brücke verbunden.

Nun folgt die eigentliche Stadtschilderung.[222] Früher stand an dieser Stelle nur die große und edle Stadt Cambaluc, Sitz des damaligen Kaisers. Nach der Eroberung durch die Tataren wurde anhand astrologischer Richtlinien die Stadt Taidu nördlich davon neu gegründet. Nur ein Fluss trennt beide Städte. Die Neue Stadt hat einen Umfang von 24 Meilen und die Form eines Quadrats. Erdwälle von zehn Fuß Breite

---

[222] Yule, Marco Polo   aaO   Bd 1, S. 366 ff.
„Now I am going to tell you of the chief city of Cathay in which these palaces stand [..] "(hier: S. 366)

und bis zu zehn Fuß Höhe, bewehrt mit Türmen, werden von 12 Toren durchbrochen, über denen sich jeweils ein großer Palast erhebt, wie auch die vier Ecken der Stadt besonders geschützt sind. Breite, rechtwinklige Straßen durchziehen die Stadt, von vielen schönen Plätzen unterbrochen. Die Grundstücke mit den schönen Häusern und Gärten sind ebenfalls rechtwinklig angelegt. Es finden sich viele Gasthäuser. In der Mitte der Stadt steht ein großer Wachtturm mit Alarmglocke.

Bestattungen erfolgen nur außerhalb der Wohngebiete.

Die riesige Bevölkerung von Peking wohnt nicht nur innerhalb der Mauern, sondern auch außerhalb in zwölf reichen Vororten vor den Toren, ein jeder so groß wie die Stadt selbst. Dort leben zahlreiche ausländische Händler mit ihren speziellen Gasthäusern; auch die große Zahl von Dirnen hält sich nur in den Vororten auf.

Patrouillen sorgen für Nachtruhe und schützen die riesigen, kostbaren Warenmengen, die in dieser Großstadt gebraucht werden; rund 200 Städte werden zu ihrem Einzugsgebiet gezählt.

Es folgt eine anekdotenreiche Schilderung der Verwaltungsorgane und ihres Vorgehens, z.B. bei der Papiergeldherstellung oder im Postsystem.

An Bodenschätzen wird vor allem die Kohle in der Nähe erwähnt; sie ist Anlass über die Fürsorgetätigkeit des Khans zu sprechen. Im näheren Umland wird eine schöne Marmorbrücke beschrieben.[223]

---

[223] Yule, Marco Polo aaO Bd 2, S. 3

Juju[224] - [Tsche-tschau]

erreicht man von der genannten Brücke über den Hun ho; von jetzt ab geht es immer nach Westen. Juju ist eine schöne große Stadt mit vielen Klöstern der Götzenanbeter und zahlreichen Gaststätten. Man lebt von Handel und Gewerbe, worunter vor allem die Herstellung von Stoffen und Teppichen fällt.

.

Taianfu[225] - Taiyuan

erreicht man von Juju aus. Es ist eine sehr große und schöne Stadt, Hauptstadt des gleichnamigen Königreichs (Acbaluc[226] soll noch schöner sein). Die Einwohner leben von Handel und Gewerbe. Sie haben viele Waffenfabriken, stellen Seide her und handeln mit ihrem Wein, der in ganz China nur hier gedeiht.

Pianfu[227] - Linfen

Man erreicht diesen Ort vom letztgenannten aus; es ist ein großer und wichtiger Platz mit umfangreichem Handel und Gewerbe, vor allem Seidenproduktion.

Cachanfu[228] –[Puchan fu]

wird nach einem Einschub über das Schloss Caichu und seine Geschichte genannt. Es ist eine edle Stadt, in der die Einwohner - wie alle Chinesen - Götzenanbeter sind. Man lebt von Handel und Gewerbe (Goldschmiedekunst).

---

[224] Yule, Marco Polo aaO   Bd 2, S. 10; nach Lemke   aaO   S. 295, Anm. 2 liegt es 75 km südwestlich von Peking. Es war mir nicht auffindbar.
[225] aaO   Bd 2, S. 12
[226] D.h. „Weiße (Schöne) Stadt", eventuell Chengting am Huto ho (aaO   Bd 2, S. 14, Anm. 1)
[227] aaO   Bd.2, S. 13
[228] aaO   Bd 2, S. 13, der von Yule angegebene Name ist auf meiner Karte nicht verzeichnet.

Kenjanfu[229] - Sian

erreicht man bald nach dem Überqueren eines großen Flusses im Westen. Die Stadt wird zweimal als groß, einmal als sehr groß, als edel und schön gekennzeichnet. Sie ist die Hauptstadt des gleichnamigen Königreichs und stand früher unter der Herrschaft eines edlen, reichen und mächtigen Königs, heute jedoch untersteht sie dem Sohn Kubilai Khans. Die Einwohner, Götzenanbeter, treiben Handel und Gewerbe, vor allem Seidenverarbeitung und Waffenherstellung. Die Lebensmittel sind billig. In einer nahen hübschen Ebene befindet sich ein schöner Königspalast, der dem als gerecht geltenden Herrscher gehört und von Truppen bewacht wird. Jagd bietet sich hier an.

Acbaluc - Manzi[230] -

erreicht man nach Eintritt in eine große Ebene. Der Name bedeutet „Weiße Stadt an der Grenze von Manzi." Sie ist die Hauptstadt der dortigen Provinz.

Sindafu[231] - Chengtu

erreicht man nach Übersteigen hoher Berge. Es liegt in einer Ebene und ist Hauptstadt der gleichnamigen Provinz, die zu Manzi gehört. Sindafu hat gut 20 Meilen Umfang. Die Stadt wurde wegen Erbstreitigkeiten nach einem königlichen Entscheid dreigeteilt, wobei die Teile zwar einzeln umwallt, aber doch mit einer gemeinsamen Außenmauer versehen wurden. Jetzt untersteht die Stadt dem Großkhan. Mitten hindurch fließt ein fischreicher Fluss, der bis zu einer halben Meile breit wird und in den

---

[229] Yule, Marco Polo   aaO   Bd 2, S. 24
[230] aaO   Bd 2, S. 33, wird auch von ihm nicht geortet (s. Itinerar IV, aaO   Bd 2, S. 110)
[231] aaO   Bd 2, S. 36

Ozean mündet. Er wird viel befahren, was zu einem großen Handel in der Stadt führt. Im Ort finden sich hübsche Steinbrücken mit Marmorsäulen, die ein bemaltes Holzdach tragen. Auf den Brücken befinden sich wichtige abbaubare Holzläden und ein Zollhäuschen, das im Schnitt 1.000 feine Goldstücke pro Tag einnimmt. Die Einwohner sind Götzenanbeter und treiben Gewerbe mit Stoffen.

Caindu[232] - Sichang

ist die Hauptstadt der gleichnamigen Provinz. Ein großer, perlenreicher See und ein Türkisberg sollen in der Nähe sein. Die Sitten der Einwohner werden näher geschildert.

Yachi[233] - Kunming

ist eine sehr große und edle Stadt, Hauptstadt der Provinz Carajan. Aus der religiös gemischten Bevölkerung rekrutieren sich viele Händler und Handwerker. Man lebt von Reis und Weizen; das Klima soll jedoch ungesund sein. Salzabbau wird in großem Umfang betrieben. Als Geld dienen Muscheln.

Carajan[234] – Tali

erreicht man von Yachi aus. Die Einwohner sind Götzenanbeter und unterstehen dem Sohn des Großhans. Die riesigen Goldfunde in der Umgebung bewirken einen starken Wertverlust des Goldes gegenüber dem Silber, es ist also hier gut einzukaufen. Die weiteren Bemerkungen zur Fauna betreffen wohl die ganze Provinz.

---

[232] Yule, Marco Polo   aaO Bd. 2 S. 53
[233] aaO   Bd. 2 S.66
[234] aaO   Bd 2, S. 76

Vochan[235] – Paoshan

nennt Marco Polo die schöne[236] Hauptstadt der Provinz Zardandan. Die Einwohner sind Götzenanbeter und dem Großkhan unterworfen. Es werden einige ihrer Sitten und dann die Geschichte der tatarischen Eroberung angeschlossen.

Mien[237] - [Pagan]

liegt weit südlich in Mien in der Provinz Amien. Es ist sehr groß und edel, untersteht dem Großkhan und die Einwohner, Götzenanbeter, sprechen ihre eigene Sprache. Früher hatte es einen reichen und mächtigen König, der das Mausoleum mit den auffälligen Türmen hinterließ, von denen einer golden und einer silbern gedeckt ist. Es schließt sich die Eroberungsgeschichte an.

Fungul[238] –

erreicht man nach längerer Zeit hinter der Provinz Cuiju. Es ist eine große und edle Stadt, dem Großkhan unterstellt. Die Einwohner sind Götzenanbeter. Man lebt vom Handel auf dem Flusswege und vom Seidengewerbe; das tatarische Papiergeld hat Geltung. Man findet hier gute Soldaten. Es werden Bekleidungs- und Jagdsitten erwähnt.

Cacanfu[239] - Hokien

Neu startend von Juju aus, erreicht man nach vier Tagereisen gen Süden die Stadt. Sie ist edel und ihre Einwohner sind Götzenanbeter; sie verbrennen

---

[235] Yule, Marco Polo aaO   Bd 2, S. 84
[236] Moule/Pelliot   aaO   Bd 1, S. 293
[237] Yule, Marco Polo   aaO   Bd 2, S. 109. Der Ort steht nicht mehr, er ist wohl am Mittellauf des Irawadi im heutigen Burma auf dem östlichen Ufer zu suchen.
[238] aaO   Bd 2, S. 124. Der Ort steht nicht mehr, er lag wohl bei Kweiyang.
[239] aaO   Bd 2, S. 132

ihre Toten, benutzen Papiergeld und leben von Handel und Gewerbe, vor allem von Seidenverarbeitung. Einige Nestorianer besitzen dort eine Kirche. Die Stadt ist die Hauptstadt eines großen Gebietes. Es fließt ein großer Fluss hindurch, der mit einigen angeschlossenen Kanälen als Verkehrsweg bis nach Peking geht.

Changlu[240] –

liegt weiter im Süden von Katai. Die Einwohner sind Götzenanbeter, verbrennen ihre Toten und benutzen Papiergeld. Sie handeln mit dem dort gewonnenen Salz.

Chinangli[241] – Yenshan

liegt weiter im Süden. Die Einwohner sind Götzenanbeter, verbrennen ihre Toten und benutzen Papiergeld. über den Fluss treiben sie Handel mit Seide, Gewürzen und anderem.

Tadinfu[242] - Tsinan

Durch eine Ebene erreicht man die große Stadt, die früher Sitz eines Königs war, jetzt aber dem Großkhan unterworfen ist. Tadinfu ist immer noch die edelste Stadt in der ganzen Gegend, von der vier weitere kaiserliche Städte abhängig sind. Viele Großhändler verdienen dort an dem Überfluss an Seide. Schöne Gärten mit vielen Früchten umgeben die Stadt. Es folgt die Geschichte der Bekämpfung eines Rebellen.

Sinju-matu[243] – Tsining

liegt noch weiter im Süden. Es ist eine edle, reiche

---

[240] Yule, Marco Polo   aaO Bd 2, S. 132, nicht sicher zu orten
[241] aaO   Bd 2, 5. 135
[242] ebda
[243] aaO   Bd 2, S. 138

Stadt und ein guter Platz für großen Handel und Gewerbe. Die Einwohner sind Götzenanbeter, verbrennen ihre Toten und benutzen Papiergeld. Der Fluss, von dem sich hier der „Große Kanal" nach Peking abteilt, zeigt eine unglaubliche Zahl von Schiffen für den lebhaftesten Handel.

Linju[244] – Siehcheng

liegt einige Tagereisen weiter im Süden. Es ist reich und edel und die Hauptstadt der gleichnamigen Provinz. Die Bewohner leben von Handel und Gewerbe. Man hat einen Überfluss an Lebensmitteln und viel Jagdwild. Den Fluss befahren zahlreiche Handelsschiffe.

Piju[245]– Peihsien

liegt wiederum weiter im Süden. Es ist eine große Stadt, reich und edel, mit großem Handel und Seidengewerbe. Der Ort liegt am Beginn von Manzi. Manzi zieht von dort viele Händler an, was dem Großkhan gute Einnahmen verschafft.

Siju[246] - [Si-chan]

liegt weiter im Süden. Es ist groß, reich und edel und blühend in Handel und Gewerbe. Die Einwohner sind Götzenanbeter, verbrennen ihre Toten und benutzen Papiergeld. Sie unterstehen dem Großkhan. Es gibt fruchtbare Weizenfelder um die Stadt.

---

[244] Yule, Marco Polo   aaO   Bd 2, S. 140
[245] aaO   Bd 2, S. 141
[246] ebda, auf meiner Karte wegen der Flusslaufänderungen des Hoang ho [„In 1851, the Hwang-Ho burst its northern embakement nearly 30 miles east of Kai-fung fu; the floods of the two following years enlarged the break; and in 1853 the river, after six centuries, resumed the ancient direction of its discharge into the Golf of Chih-li." (hier: aaO   Bd 2 S. 143, Anm. 2)] nicht verzeichnet.

Coiganfu[247]– Hwainan

liegt weiter im Süden an einem großen Fluss und ist als Sitz der Verwaltung sehr groß. Die Einwohner sind Götzenanbeter, verbrennen ihre Toten und unterstehen dem Großkhan. Auf dem Fluss herrscht rege Schifffahrt, da riesige Warenmengen benötigt werden. Der Ort ist auch Umschlagplatz für das dort gewonnene Salz, das dem Großkhan eine hohe Summe an Steuern einbringt.

Paukin[248] - Paoying

Nach Ablauf einer Tagereise erreicht man die edle Stadt. Die Einwohner sind Götzenanbeter, verbrennen ihre Toten und benutzen Papiergeld. Sie leben von Handel und Gewerbe und haben großen Überfluss an Seide, woraus sie feine Gold- und Seidenstoffe weben. Alle Lebensnotwendigkeiten sind im Überfluss vorhanden; man untersteht dem Großkhan.

Caju[249] - Kaoyu

liegt weiter im Südosten. Die Einwohner sind Götzenanbeter, verbrennen ihre Toten, benutzen Papiergeld und leben von Handel und Gewerbe. Sie haben großen Überfluss an allen Lebensnotwendigkeiten, besonders an Fisch und Jagdtieren. Drei gute Fasane etwa kosten nur einen venezianischen Groschen.

Tiju[250] – Taichow

liegt eine Tagereise weiter südöstlich. Es ist nicht sehr groß, hat aber Überfluss an allem Lebensnotwendigen. Die Einwohner sind Götzenanbeter, verbrennen ihre Toten und benutzen Papiergeld. Viele Schiffe und großer Handel werden durch die Nähe des Ozeans und durch die große Menge an Salz hervorgerufen.

---

[247] Yule, Marco Polo   aaO   Bd 2, S. 142, S. 151 f
[248] aaO   Bd 2, S. 152
[249] ebda
[250] ebda

Tinju[251] – Nantung

hat sogar für die ganze umliegende Provinz genügend Salzvorkommen; sie bringen dem Großkhan, dem die Stadt untersteht, großen Gewinn, Die Einwohner sind Götzenanbeter.

Yanju[252] – Yangchow

liegt, wieder ausgehend von Tiju, im Südosten. Es sehr groß und edel, eine wichtige Stadt mit 27 abhängigen Städten und Sitz eines der zwölf Barone des Großkhans. Die Einwohner sind Götzenanbeter, benutzen Papiergeld und unterstehen dem Großkhan. Marco Polo war dort drei Jahre als Gouverneur tätig.
Man treibt Handel und Gewerbe, vor allem Waffenherstellung, da in der Nähe viele Truppen stationiert sind.

Saianfu[253] - Siangyang

ist eine sehr große und edle Stadt mit zwölf großen und reichen Städten unter sich. Es ist ein Sitz von Handel und Gewerbe. Die Einwohner sind Götzenanbeter, verbrennen ihre Toten, benutzen Papiergeld; sie verarbeiten Seide zu feinen Stoffen. Es gibt viel Waidwerk und alles Notwendige. Im Laufe der Eroberungsgeschichte, an der die drei Polos mit einer Maschinenerfindung maßgeblich beteiligt gewesen sein sollen, wird die Lage der Stadt noch einmal erwähnt: bis auf die nördliche Seite ist die Stadt von Wasser umgeben.

Sinju[254] - Icheng

liegt im Südosten von Yanju. Es ist nicht groß, hat aber regen Handel und viele Schiffe.

---

[251] Yule, Marco Polo   aaO Bd 2, S. 153
[252] aaO   Bd 2, S. 154
[253] aaO   Bd 2, S. 158
[254] aaO   Bd 2, S. 170

Die Einwohner sind Götzenanbeter, benutzen Papiergeld und unterstehen dem Großkhan. Der Fluss, der größte der Welt[255], ist hier ein vorzüglicher Handelsweg, der die Stadt reich macht.

Caiju[256] - Kwachow

liegt im Südosten und ist eine kleine Stadt am Fluss. Die Einwohner sind Götzenanbeter und benutzen Papiergeld. Es ist ein Sammelplatz für Korn und Reis, welche auf vorgesehenen Wasserwegen nach Peking geschafft werden. Auf der gegenüberliegenden Insel im Fluss liegt ein großes Kloster mit vielen Idolen und über 200 Mönchen der Götzenanbeter.

Chinghianfu[257] – Chinkiang

gehört zu Manzi. Die Einwohner sind Götzenanbeter, unterstehen dem Großkhan, benutzen Papiergeld und leben vom Handwerk und Handel mit Seide. Viele reiche und große Kaufleute leben dort. Es gibt reichlich Waidwerk und alle Lebensmittel. Abschließend wird die Entstehung zweier Nestorianerkirchen geschildert.

Cinginju[258] – Changchow

liegt drei Tagereisen weiter im Südosten. Die Einwohner sind Götzenanbeter, benutzen Papiergeld, unterstehen dem Großkhan, leben von Handel und Gewerbe und haben einen Überfluss an Seide. Die Gegend ist so fruchtbar, dass alle Lebensmittel zur Genüge vorhanden sind. Es schließt sich die Geschichte der tatarischen Eroberung an.

---

[255] Gemeint ist der Yang tze Kiang
[256] Yule, Marco Polo   aaO Bd 2, S. 171, 174
[257] aaO   Bd 2, S. 176
[258] aaO   Bd 2, S. 178

Suju[259] - Soochow

Die Einwohner sind Götzenanbeter, benutzen Papiergeld und unterstehen dem Großkhan. Die Menge an Seide, die dort erzeugt wird, wird vor allem zu Brokat weiterverarbeitet. Handel und Gewerbe blühen. Die Stadt ist sehr groß und edel, hat 60 Meilen[260] Umfang und eine unzählbare Einwohnerschaft. Die Händler sind zum Teil sehr reich. Die Einwohner sind, wie in ganz Manzi, schlechte Soldaten. Es gibt hier zahlreiche Philosophen und Ärzte in verschiedenen Schulen. Die Stadt wird geschmückt von 6.000 Steinbrücken die hoch genug sind, um noch zwei Galeeren gleichzeitig passieren zu lassen. In der Umgebung gibt es viele waldbedeckte Berge, in denen Rhabarber und Ingwer zu finden sind. 16 Handelsstädte sind von Suju abhängig. Der Name wird als „Erdstadt" gedeutet, im Gegensatz zu Kinsay als „Himmelsstadt".

Vuju[261] – Huchow

ist groß und schön und zeigt viel Handel und Gewerbe.

Vughin[262] – Wukiang

Die Einwohner dieser Stadt sind Götzenanbeter, benutzen Papiergeld, unterstehen dem Großkhan und sind gute Händler und Handwerker, vor allem in der Seidenherstellung.

Changan[263] – Kashan

ist groß und reich. Die Einwohner sind Götzenanbeter, verbrennen ihre Toten, benutzen Papiergeld und treiben Handel und verschiedene Gewerbe. Die Umgebung bietet viele Jagdtiere.

---

[259] Yule, Marco Polo aaO Bd 2, S. 181
[260] Moule/Pelliot aaO Bd 1, S. 324 geben auch 20 oder 40 Meilen an
[261] Yule, MarcoPolo aaO Bd2,S.182
[262] ebda
[263] ebda

Kinsay[264] – Hangchow

liegt drei Tagereisen von Vughin entfernt und ist eine edle Stadt. Ihr Name, „Himmelsstadt", ist ihr gegeben, weil sie so viele Freuden wie das Paradies bietet[265]. Die Einzelheiten sollen genannt werden, weil es sich hier offensichtlich um die edelste und feinste Stadt der Welt handelt.

Marco Polo war selbst oft in Kinsay und benutzt für seine Beschreibung ein altes Dokument und seine Aufzeichnungen. Die Stadt hat 100 Meilen Umfang.

[R] Weite Straßen und Kanäle und riesige Marktplätze kennzeichnen die Stadt. Auf der einen Seite liegt ein klarer See, auf der anderen fließt ein Strom, dem viele Kanäle aus der Stadt als Abwässergräben zuströmen. Überall laufen Straßen und Kanäle als Verkehrswege nebeneinander her.

Die Zahl der nötigen Brücken liegt bei 12.000, sie sind sehr hoch gewölbt und doch bequem passierbar.

[R] Außerhalb der Stadt befindet sich ein 30 Meilen langer Verteidigungs- und Überlaufgraben.

Die zehn Hauptmärkte sind alle rechtwinklig mit einer halben Meile Seitenlänge angelegt und beinhalten unzählige Kaufhallen. Jeder Markt ist vier Meilen vom nächsten entfernt. Parallel zu der einen Seite verläuft eine 40 Schritt breite Hauptstraße, zur anderen Seite ein Kanal neben großen steinernen Warenhäusern. Dreimal in der Woche wird Markt gehalten, der von 40.000 bis 50.000 Menschen besucht wird. Es werden einzelne Spezialmärkte, ihre Angebote und Preise näher geschildert. Jeder

---

[264] Yule, Marco Polo   aaO Bd 2, 5. 185 ff.
Egli, Geschichte   aaO   S. 337 spricht von der Statthalterschaft Marcos in Hangchow von 1282 bis 1287. Er gibt dafür keine Quelle an. Marco nennt diese Tätigkeit lediglich für Yangchow (s.o. S. 97); sollte Egli diese Angabe den chinesischen Annalen entnommen haben, gilt die Einschränkung Cordiers (s.o. S. 16, Anm. 46).
[265] Moule/Pelliot   aaO   Bd 1, S. 326. Viele Einzelheiten gibt hier Ramusio, gekennzeichnet durch ein [R] im Text.

Markt ist mit zwei Aufseherhäusern versehen, darum herum wohnen Dirnen, „Künstler" und Gelehrte.

Das Handwerk ist in zwölf Gilden vertreten, deren jede 12.000 Häuser mit mindestens 12 bis zu 40 Arbeitern, Tagelöhnern und Meistern besitzt. Sie finden alle Arbeit, weil viele andere Städte von Kinsay versorgt werden. Darum muss auch jeder der Gilde seines Vaters folgen. Die genannten Meister werden dabei steinreich.

[R] Diese reichen Leute arbeiten nicht selbst, sind aber friedlich und auch freundlich zu Fremden und lieben den Anblick von Soldaten nicht. Die Reichen haben ihre Paläste vor allem an dem 30 Meilen langen Ufer des Sees in der Stadt stehen, dort liegen auch die meisten Klöster und Kirchen der Götzenanbeter.

Auf zwei Inseln dieses Sees liegen Paläste zur allgemeinen Nutzung und zur Erbauung am Stadtbild, wie Ramusio hinzufügt. Neben den meist aus Holz erbauten Häusern stehen hohe Steintürme, die aus Angst vor den häufigen Bränden als Vorratsorte benutzt werden. Die Einwohner sind Götzenanbeter, unterstehen dem Großkhan und benutzen Papiergeld. Es sind hübsche Menschen, meist in Seide gekleidet, und sie essen alle Sorten auch unreinen Fleischs. Die Stadt und ihre Brücken werden Tag und Nacht von aufmerksamen Wachpatrouillen kontrolliert. Der Großkhan sorgt sehr für diese Stadt, da sie Hauptstadt von ganz Manzi ist und ihm riesige Einnahmen bringt. Die Straßen sind mit Steinen oder Ziegeln gepflastert wie überall in Manzi, da sie sonst wegen des tiefliegenden Landes ständig verschlammt wären. Drainagesubstruktionen und parallele Reiterpfade werden erwähnt.

[R] Die Stadt besitzt über 3.000 Bäder, von heißen Quellen gespeist. Es sind die schönsten und größten der Welt, die zum Teil mehr als 100 Leute

auf einmal fassen. Die Menschen dort baden alle mehrmals monatlich.
25 Meilen entfernt liegt eine Stadt am Ozean mit sehr gutem Hafen und
Handelsbeziehungen zu Indien und anderen Ländern; sie ist mit Kinsay durch den
großen Fluss verbunden. Kinsay ist Sitz eines der neun Könige von Manzi und
herrscht über 120 große Städte. Sie hat wie jede große Stadt in Manzi eine starke
Garnison. Nach verschiedenen Gebets- und Totenriten wird noch ein alter
Königspalast geschildert. Es ist der größte Palast der Welt mit 10 Meilen Umfang,
hohen Mauern und den schönsten Gärten. 20 große Hallen für riesige
Menschenmengen befinden sich innen. Auf die Wände sind in Gold und anderen
Farben Geschichten gemalt.
Nun folgt eine genaue Berechnung der Einwohnerzahl: 160 Tomans Feuerstellen,
also allein 1,6 mio Häuser. Eine Nestorianerkirche wird genannt. Schließlich zählt
Marco Polo die Bodenschätze und sehr detailliert des Großkhans Steuereinnahmen
auf, die er aus seiner häufigen Revisortätigkeit kennt.

Tampiju[266] – Shaoking

liegt eine Tagereise im Südosten von Kinsay, dem es untersteht. Es ist groß, reich
und hübsch. Die Einwohner sind Götzenanbeter, verbrennen ihre Toten,
unterstehen dem Großkhan, benutzen Papiergeld und haben alles im Überfluss.

Vuju[267] – Kinhwa

liegt drei Tagereisen weiter im Südosten und untersteht Kinsay. Die Einwohner sind
Götzenanbeter, unterstehen dem großen Khan, benutzen Papiergeld und leben
von Handel und Gewerbe.

---

[266] Yule, Marco Polo aaO Bd 2, S. 218
[267] aaO   Bd 2, S. 219

Ghiuju[268] - Kiuchow

liegt zwei Tagereisen weiter im Südosten. Es ist eine große und schöne Stadt und gehört zu Kinsay.
Die Einwohner sind Götzenanbeter, verbrennen ihre Toten, benutzen Papiergeld und unterstehen dem Großkhan. Man verarbeitet und handelt mit Seide.
Alles ist im Überfluss vorhanden. Hier wächst der größte Bambus von ganz Manzi.

Chanshan[269] - Suichang

liegt zwei Tagereisen weiter im Südosten. Die große und schöne Stadt, die Kinsay untersteht, liegt auf einem Hügel, der von einem Fluss umflossen wird, wie auf einer Insel, Die Einwohner sind Götzenanbeter, verbrennen ihre Toten, benutzen Papiergeld und unterstehen dem Großkhan. Es gibt hier alle Sorten Hornvieh, aber wie in ganz Manzi keine Schafe.

Cuju[270] – Chuchow

ist drei Tagereisen weiter entfernt. Die Einwohner sind Götzenanbeter, verbrennen ihre Toten, benutzen Papiergeld, unterstehen dem Großkhan und leben von Handel und Gewerbe. Die Stadt ist schön, edel und reich und die letzte in dieser Richtung unter Kinsay, da sie an der Grenze zu dem neuen Königreich Fuju liegt.

Kelinfu[271] – Kienow

liegt weiter im Südosten. Es ist sehr groß und edel und untersteht dem Großkhan. Seine drei Steinbrücken

---

[268] Yule, Marco Polo   aaO   Bd 2, S. 219
[269] ebda
[270] ebda
[271] aaO   Bd 2, S. 225

gehören zu den schönsten der Welt: sie sind eine Meile lang, rund neun Schritt breit und mit reichen Marmorsäulen verziert, von denen jede Einzelne einen Schatz wert wäre. Handel und Gewerbe blühen. Man stellt vor allem Seidengewebe her, auch Baumwollgewebe. Man handelt mit Ingwer und Galigant. Die Frauen dort sind sehr hübsch. Marco erwähnt eine Hühnersorte mit Fell.

Unken[272] – Mintsing

liegt drei Tagereisen weiter entfernt. Hier wird eine riesige Menge Zucker hergestellt und an den Hof nach Peking geliefert. Die Raffinade sollen die Bewohner von den Babyloniern erlernt haben.

Fuju[273] – Foochow

liegt hinter Cuju und ist der Glanz des gleichnamigen Königreichs. Handel und Gewerbe blühen. Die Einwohner sind Götzenanbeter und unterstehen dem Großkhan. Hier liegt eine große Garnison, da leicht Revolten ausbrechen. Ein eine Meile breiter Fluss fließt hindurch und befördert die dort gebauten Schiffe mit ihren Handelswaren; er mündet nahe bei Zayton in den Ozean. Alles ist im Überfluss vorhanden und billig. Bei ihrer Durchreise haben die Polos dort eine 700 Jahre alte christliche Gemeinde entdeckt.[274]

Zayton[275] – Chuanchow

liegt fünf Tagereisen weiter im Süden und gehört zu Fuju. Es ist der Überseehafen dieser Gegend, und viele Großhändler strömen hier zusammen. Er soll einer der beiden größten Häfen der Welt sein:

---

[272] Yule, Marco Polo aaO   Bd 2, S. 226
[273] ebda
[274] Moule/Pelliot   aaO   Bd 1, S. 349 f., von der Toledo-Handschrift angefügt
[275] Yule, Marco Polo aaO   Bd 2, S. 234

Auf eine Pfefferladung, die für Alexandria bestimmt ist, kommen 100 Pfefferladungen für Zayton. Entsprechend umfangreich sind die Einnahmen des Großkhans, der im Schnitt 10% Steuern erhebt, bei Pfeffer aber 44 %! Alles ist im Überfluss zu haben. Das Land ist sehr hübsch; die Menschen und ihre Sitten sind leichtlebig.

Tyunju[276] – [Jau-chau-fu]

liegt in derselben Provinz. Feinstes Porzellan, das man hier fertigt, wird weltweit exportiert. Am Ort ist es sehr billig. Die Einwohner sprechen eine eigene Sprache. Ganz Manzi hat eine eigene Sprache, doch in verschiedenen Dialekten, was mit Beispielen aus Italien verglichen wird.

„The city"[277] – Malakka

ist sehr fein und edel und treibt großen Handel. Es ist alles im Überfluss vorhanden, vor allem Spezereien.

Cail[278] -   [Kail]

ist eine große und edle Stadt, die einem von fünf Königen in diesem Land gehört. Alle Schiffe von Westen, aus Hormus, Kis oder Aden, legen hier an. Der große Handel hat den König reich gemacht; er fördert Freunde und Händler, hat viele Edelsteine und 300 Frauen. Die Sitte, Betelblätter zu kauen, wird erwähnt.

---

[276] Yule, Marco Polo   aaO Bd 2, S. 235, mir nicht auffindbar.
[277] aaO   Bd 2, S. 280. Marco Polo befindet sich auf „Java im Königreich „Malaiur", was zu dieser Identifikation geführt hat.
[278] aaO   Bd 2, S. 370; wohl im Norden des heutigen Dorfes Kayalpatnam an der Südspitze Indiens

Esher[279] - Ash Shihr

liegt 400 Meilen nordwestlich vom Hafen Aden und ist dem König von Aden untertan. Es hat viele Städte unter sich und hat einen sehr guten Hafen. Viele Schiffe von und nach Indien legen hier an. Man handelt mit Weihrauch, worauf der König ein Monopol besitzt, und Datteln. Reis muss eingeführt werden. Verschiedene Tiere, Essgewohnheiten und Preise werden genannt. wegen des sehr trockenen Landes ernährt man selbst das Großvieh mit Trockenfisch. Die Einwohner sind Muslims.

Dufar[280] –

ist groß, edel und schön. Es liegt 500 Meilen nordwestlich von Esher. Die Einwohner sind Muslims und unterstehen einem Grafen, doch ist der Sultan von Aden Oberherr. Die Stadt liegt an der See, hat einen guten Hafen und starken Schiffsverkehr mit Indien, wohin vor allem Pferde ausgeführt werden. Auch mit Weihrauch wird gehandelt. Dufar hat viele Städte und Dörfer unter sich.

Calatu[281] -

ist eine große und edle Stadt am gleichnamigen Golf, 600 Meilen nordwestlich von Dufar am Seeufer gelegen. Sie ist Hormos untertan und wird von dessen Herrn als Fluchtburg benutzt. Wegen ihrer sehr guten Lage und der starken Befestigung galt sie als uneinnehmbar. Getreide muss eingeführt werden. Der Hafen ist groß und gut und verbindet die Stadt mit Indien durch den Pferdeexport. Calatu ist auch Stapelplatz von Waren für das Innere des Landes. Die Einwohner leben von Datteln und Salzfisch.

---

[279] Yule, Marco Polo   aaO   Bd 2, S. 442
[280] aaO   Bd 2, S. 444; nicht geortet, wohl bei Mirba
[281] aaO   Bd 2, S. 449; durch Erdbeben zerstört

Hormus[282] -

wird trotz obiger Erwähnung noch einmal kurz angeschlossen, weil es auch zweimal besucht wurde.

In der folgenden Beschreibung der Nordländer werden keine Städte mehr erwähnt.

4.22   Die Schwerpunkte des Autors

Aufgrund der hohen Zahl von Städten und der meist sehr kurzen Beschreibungen soll eine Untersuchung der Schwerpunkte nach der Länge der einzelnen Gesichtspunkte, wie sie bei Wilhelm von Tyrus vorgeführt wurde, hier nicht erfolgen. Es wäre sicher nur in wenigen Fällen möglich gewesen, ein Urteil zu fällen. Daher schließt sich hier die Untersuchung der prozentualen Verteilung der Gesichtspunkte an.

Tabelle III   85 = 100 % (bei jeder Stadt erwähnt)

Verwaltung	63	74%	(politischer)Rang gegenüber anderen Städten
Reiseweg	52	61%	vor allem Entfernungsangaben
Religion	50	59%	
Handel	48	56%	nur Nennung, auch negativ
Provinz	41	48%	
Allgemeine Würdigung	40	47%	
Größe	38	45%	auch ganz allgemein

---

[282] Yule Marco Polo aaO   Bd 2, S. 451, s.o. S.72

Anbau/Waren	36	42%	auch ganz allgemein
Handwerk	32	38%	nur Nennung
Handwerksgegenstände	27	32%	
Lage	24	29%	geographische Angaben
Sitten	24	29%	
Geld	23	27%	Art der Währung
Geschichte	19	22%	auch anekdotenhaft
Bodenschätze	17	20%	auch Salz
Umland	17	20%	weiter ausholend als „Lage"
Reichtum	17	20%	auch allgemein; auch negativ
Gebäude	15	18%	auch bloße Nennung
Bestattungsriten	15	18%	
Fauna	13	15%	
Handelsgegenstände	12	14%	
Jagdmöglichkeiten	11	13%	
Handelspartner	11	13%	
Hafen/Schifffahrt	8	9%	
Preise	8	9%	
Name	5	6%	Etymologien oder Übersetzungen
Sprache	5	6%	
Wissenschaften/ Studium	5	6%	
Befestigungen	5	6%	
Klima	4	5%	
Verkehrswege/Post	4	5%	

Anlage	3	3,5%	Form des Ortes
Persönliche Erlebnisse	3	3,5%	
Nationalität	3	3,5%	
Vergnügungen	3	3,5%	Gasthäuser, Dirnen
Straßennetz	2	2%	
Bäder	2	2%	
Verteidigung/ Polizei	2	2%	
Schiffsbau	2	2%	
Kirchliche Organisation	1	1%	
Vororte	1	1%	
Anbausitten	1	1%	
Gildenordnung	1	1%	
Zitate	1	1%	
Hautfarbe	1	1%	
Arznei	1	1%	

Die Tabelle zeigt, dass Marco im Gegensatz zu Wilhelm keine eindeutige Interessenrichtung verfolgt. Kein Gesichtspunkt findet bei ihm in 100% aller Fälle Erwähnung. Damit ist Marco zunächst als der stärker differenzierende und variierende Beschreiber anzusehen.

Am häufigsten sind Bemerkungen zur politischen Stellung der Städte vertreten: bei drei Vierteln aller Beschreibungen ist diese Beobachtung anzutreffen. Bei über der Hälfte aller Orte werden außerdem genannt: der nähere oder weitere Anreiseweg, die religiöse Zugehörigkeit der Stadtbewohner und die kaufmännische Tätigkeit.

Der weitaus größte Teil der unterschiedenen Aspekte[283] ist nur bei einem Drittel und weniger Orten anzutreffen.

Es ist einzuräumen, dass die Aufsplitterung der Beschreibungen in Gesichtspunkte immer ein subjektiver Akt ist, der das Ergebnis verzerrend beeinflussen kann. So mag z.B. überraschen, dass verschiedene Aspekte eine starke Spezialisierung erfahren haben, wie etwa die Dreiergruppe Handel, Handelspartner, Handelsgegenstände und die Doppelung Handwerk und Handwerksgegenstände zeigt. Doch es führt eine Zusammenfassung dieser fünf Gesichtspunkte in zwei, dann allerdings unverhältnismäßig umfangreiche Aspekte nicht zu einem stark veränderten Ergebnis; denn in den meisten Fällen treten die drei oder zwei betreffenden Aspekte gemeinsam auf, d.h. die Stellen decken sich und sind nicht einfach zu summieren.

Zur Verifizierung des Ergebnisses sei dennoch eine Umorganisation der Gesichtspunkte in ihrer Wirkung untersucht. Man könnte z.B. die neun Gesichtspunkte: Handel, Handelspartner, Handelsgegenstände, Handwerk, Handwerksgegenstände, Geld, Preise, Anbau und Schifffahrt unter dem Gesichtspunkt: "Wovon leben die Einwohner der Städte?" zusammenfassen. Doch selbst bei dieser sehr groben Orientierung liegt die Häufigkeit nur bei 69 = 81%.

Wir können allerdings sagen, dass diese Frage Marco Polo offensichtlich am meisten bei seinen Stadtbeschreibungen bewegt, danach erst rangieren Verwaltung, Reiseweg und Religion. Handwerk und Handel wird auf diese Weise doch ein größeres Gewicht zugemessen.

Aus dieser Verteilung kann man wohl den reisenden Kaufmann erkennen, der gleichzeitig stark an politischen und konfessionellen Fragen interessiert erscheint.

---

[283] 37 von 46 Aspekten, d.h. rund 4/5!

Es bleibt die Frage offen, ob eventuell die große Anzahl von Städten eine stärkere Schematisierung innerhalb kleinerer Gruppen zu überdecken imstande ist. Betrachten wir daher zwei verschiedene, nach geographischen Gesichtspunkten zusammengehörige Reihen von Städten: einerseits 11 Städte in Manzi, dem Südwesten Chinas, zwischen Marcos Siju und Suju[284], andererseits die 3 genannten Städte an der Südküste Arabiens.

Tabelle IV   11 = 100 % (bei jeder Stadt erwähnt)

Handel	11	100%
Religion	11	100%
Verwaltung	11	100%
Reiseweg	9	82%
Geld	9	82%
Größe	8	73%
Anbau/Waren	8	73%
Handwerk	7	64%
Bestattungsriten	6	55%
Allgemeine Würdigung	5	45%
Handwerksgegenstände	5	45%
Lage	4	36%
Reichtum	3	27%
Geschichte	3	27%
Bodenschätze	3	27%
Jagd	3	27%

.

---

[284] In dieser Reihe wurde eine Stadt mit nur vier Gesichtspunkten nicht berücksichtigt.

Persönliches Erlebnis	2	18%
Gebäude	2	18%
Fauna	1	9%
Preise	1	9%
Handelspartner	1	9%
Handelsgegenstände	1	9%
Provinz	1	9%

Die prozentuale Verteilung hat sich in dieser Zusammenstellung eindeutig auf eine gewisse Beharrlichkeit der Gesichtspunkte hin verschoben. Von 21 vertretenen Aspekten treten 3 bei 100% aller Fälle auf, 6 weitere bei über 50% der Orte. Die drei hervorstechenden Beobachtungen sind: der Handel, die Religion und die Verwaltung. Knapp danach folgen Bemerkungen zum Reiseweg und zur Geldwirtschaft. Deutlich wird damit die schon formulierte Interessenlagerung des Autors unterstrichen. Gleichzeitig zeigt sich eine starke Schematisierung der Städte innerhalb dieser Reihe.
Diese Tendenz verstärkt sich fühlbar, wenn man die drei genannten arabischen Städte miteinander vergleicht.

Tabelle V   3 = 100 % (bei jeder Stadt erwähnt)

Lage	3	100%
Verwaltung	3	100%
Religion	3	100%
Hafen	3	100%
Handelspartner	3	100%
Handelsgegenstände	3	100%
Allgemeine Würdigung	3	100%
Anbau/Waren	3	100%
Sitten	2	67%
Größe	2	67%
Fauna	1	33%
Preise	1	33%
Klima	1	33%
Befestigungen	1	33%

Hier ist die Differenzierungsmöglichkeit so stark vernachlässigt, dass 8 von 14 Aspekten, d.h. über die Hälfte aller Gesichtspunkte, bei allen Städten vertreten sind. Unter diesen finden sich wiederum dieselben Hauptinteressen, die schon vorher beobachtet werden konnten. Versucht man allerdings, weitere Gruppen zu bilden, so können die Ergebnisse gegenteilig ausfallen, wie etwa bei den elf chinesischen Städten zwischen Peking und Burma.[285]
Es kann an dieser Stelle noch nicht entschieden werden, ob diesem zeitweiligen „Gruppenschematismus" ein System innewohnt, ob also eine gewisse Zusammengehörigkeit der betreffenden Städte, abgesehen vom geographischen Befund, ausgedrückt werden sollte.

---

[285] Von den 28 in dieser Reihe vertretenen Gesichtspunkten ist nur einer, der Reiseweg, immer erwähnt. Nur ein Viertel davon (7) wird bei mehr als 50% aller Städte genannt. Die religiöse Zugehörigkeit gehört wider Erwarten nicht zu diesem Viertel.

Zusammenfassend lässt sich festhalten, dass bei Marco Polo zwar bestimmte Neigungen zu bemerken sind, doch ist eine durchgängige Interessenlagerung nicht vorhanden. Innerhalb verschiedener Gruppen aber können die Neigungen sich bis zum Schematismus durchsetzen. Es ist also eine Stufung zwischen Vielfalt und Starrheit zu konstatieren. Dabei fällt rein äußerlich auf, dass sich gegen Ende des Buches die undifferenzierten Beschreibungen häufen.

4.23   Bemerkungen zur Form der Beschreibungen

Trotz der im Schnitt relativ großen Anzahl von Gesichtspunkten, die Marco Polo bei jeder Stadt berücksichtigt[286], sind seine Beschreibungen bis auf wenige Ausnahmen sehr knapp gehalten. Wie wenig die oben angeführten Inhaltsangaben von dem Originaltext kürzen können, zeigt eine Gegenüberstellung beider Wortlaute für die Stadt Paukin (heute: Paoying).

Nach Ablauf einer Tagereise erreicht man	„At the end of the day's journey you reach
die edle Stadt Paukin.	the fine city of Paukin.
Die Einwohner sind Götzenanbeter,	The people are Idolaters,
verbrennen ihre Toten,	burn their dead,
sind dem Großkhan untertan,	are subject to the Great Kaan,
benutzen Papiergeld	and use paper-money.
und leben von Handel	They live by trade
und Gewerbe	and manufactures

---

[286] 716 Nennungen bei 85 Städten, d.h. im Schnitt 8,4 pro Stadt

und haben Überfluss an Seide, woraus sie eine Menge feiner Gold- und Seidenstoffe weben.	and have great abundance of silk, whereof they weave a great variety of fine stuffs of silk and gold.
Alle Lebensnotwendigkeiten sind im Überfluss vorhanden.[287]	Of all necessaries of life there is a great store."[288]

Die Knappheit der Ausführungen ist offensichtlich kaum zu überbieten. Die zehn Gesichtspunkte, die sich unterscheiden lassen, sind so kurz genannt, dass sie mehr der Enumeration von Stichworten als einer Beschreibung ähnlich sehen. Dadurch wird trotz der Variation in den Aspekten eine Individualisierung der Städte nicht geleistet: die Beschreibung bleibt farblos und unanschaulich.

Dieser Eindruck erhöht sich, wenn man die Formelhaftigkeit der Wendungen bedenkt. Für den Gesichtspunkt der „Größe" etwa verwendet Marco in der Mehrzahl aller Fälle einfach den Begriff „groß", als „Würdigung" nennt er den Ort „edel" oder „edel und schön" usw. Von dieser Eintönigkeit ist besonders eine Gruppe von vier Aspekten betroffen, die auch in dem angeführten Beispiel vorkommt, nämlich: „the people are Idolaters, burn their dead, are subject to the Great Kaan and use paper-money". Diese gleichlautende Wendung trifft man so häufig an, dass Yule sich in etlichen Fällen veranlasst sieht, sie durch ein „usw." abkürzend zu bezeichnen. [289]

---

[287] S. o. S..88
[288] Yule, Marco Polo aaO Bd. 2, S. 152
[289] aaO Bd 2, S. 153 (2x), 158, 182, 219 (4x) passim. Auch die Anordnung von 4 Beschreibungen auf einer Druckseite (ca. Din A 5), wie aaO Bd 2, S. 219, weist auf die fehlende Ausführlichkeit hin.

Doch auch dieses Urteil muss vorläufig bleiben; denn an verschiedenen Stellen finden sich wortreiche, farbenfrohe Schilderungen wie die Beschreibung der Hauptstadt Peking oder Hangchows. Sie stechen deutlich von den meisten übrigen Notizen ab und lassen die Stadt in ihrer Baustruktur wie in ihren sozialen und wirtschaftlichen Eigenheiten vor dem Auge des Lesers entstehen. Wollte man von heutigen Vorstellungen von Stadtbeschreibungen ausgehen, so müsste man wohl die Untersuchung auf diese und wenige andere Beispiele beschränkt halten.

4.3   Die beschriebenen Städte

Wie bei Wilhelm von Tyrus soll versucht werden, die gegebenen Details und den Gesamteindruck der Städte in der „Weltbeschreibung" anhand weiterer Quellen zu untersuchen. Die Fülle von Beschreibungen bei Marco legt es besonders nahe, nur ausgewählte Beispiele heranzuziehen. Diese sollen verschiedenen Landstrichen angehören, um auch die Breite von Kulturkreisen, die Marco besucht hat, zu berücksichtigen. Es werden daher chinesische, persische und arabische Städte exemplarisch betrachtet.

4.31   Überprüfung von Einzelaussagen

Für die vergleichende Untersuchung der beschriebenen Städte mittels anderer zeitgenössischer Berichte stehen mir nur wenige Autoren zur Verfügung, die auch Stadtbeschreibungen dieser Weltgegenden liefern. Daher sei dies Kapitel einerseits auf die persischen und chinesischen Städte, andererseits weitgehend auf den Bericht des Odorico de Pordenone über seine Reise nach China beschränkt.[290]

Odorico hat seinen Bericht nach einer Reise ins östliche Asien zwischen 1316 und 1329 in Jahre 1330 in Padua seinem Konfrater diktiert. Er ist also nur knapp 20 Jahre nach Marco Polo in Asien gewesen.
Bei der Stadt Tauris betont Marco ganz besonders den profitbringenden Handel mit Edelsteinen und Stoffen, den hier besonders die Abendländer wahrnehmen. Er nennt weiter die Mischung von Nationen und die hübsche Umgebung.
Odorico benutzt für den Reichtum und die große Handelstätigkeit der Stadt sogar einen superlativischen Komparativ[291]: „Melior est pro mercimoniis quam alia civitas de mundo".[292] In der Stadt herrschen die Sarazenen, doch wohnen auch viele Christen dort.

.

---

[290] Zitiert wird im folgenden nach der Ausgabe von
Strasmann, Gilbert (Hrsg)   Konrad Steckels deutsche Übertragung
                   der Reise nach China des Odorico de Pordenone
                   oO oJ (Berlin 1968)
                   (Texte des späten Mittelalters und der frühen Neuzeit Heft 20),
die im lateinischen Text der kritischen Ausgabe von
 van den Wyngaert, Anastasius (OFM)   Odorico de Pordenone
                   in: Sinica Franciscana
                   Firenze 1929
folgt. Diese ersetzt zwar dem Wortlaut nach, aber nicht im Kommentar die Edition von
Yule, Sir Henry   Cathay- aaO   Bd 2.
[291] Dieser scheint ein beliebtes Stilmittel bei Odorico überhaupt zu sein
[292] Strasmann   aaO S. 42

Es lässt sich große Übereinstimmung der Details und ihrer Bewertung bei beiden Autoren feststellen. Dabei ist Marco in diesem Falle der genauere Beobachter, wie aus seinen differenzierten Angaben zur Handelsware und zu den handelnden Nationen zu ersehen ist.

An den beiden ausführlichsten Schilderungen Marcos soll dieses vorläufige Ergebnis kurz überprüft werden, da diese am ehesten Fehlinterpretationen ausgesetzt sein dürften.

Für Peking, das auch Odorico ungewöhnlich breit beschreibt[293], finden sich folgende Übereinstimmungen: die Unterscheidung zwischen der alten und der neuen Stadt durch Canbaluc und Taido,
die Geschichte der Stadt,
Umwallung und Zahl der Tore (12) [294],
vier Meilen Umfang des Palastes,
die Parkanlagen mit dem „Grünen Berg" und dem zweiten Palast,
zahlreiche Sitten und Hofzeremoniells.

Odorico widerspricht also Marco in keinem wesentlichen Fall.

Hangchow[295] nennt Odorico wie Marco die „civitas celi"[296] und den größten Ort der Welt. Beide zählen 12.000 Steinbrücken, die wegen der lagunenähnlichen

---

[293] Strasmann   aaO   S. 98 ff.
[294] Es steht allerdings die Länge der Mauer, angegeben einmal mit 40 und einmal mit 24 Meilen, bei beiden gegeneinander. Doch erhebt sich hier die Frage nach der Zuverlässigkeit solcher Zahlen überhaupt.
(s. die Differenzen bei Marco selbst, s.o. S. 91, Anm 2).
[295] aaO   S. 88 ff
[296] aaO   S.88

Lage der Stadt notwendig sind, und erwähnen deren Bewachung. Der Reichtum und die dichte Besiedlung finden sich ebenso bei beiden Autoren.

Man kann hier wiederum eine sehr starke Übereinstimmung konstatieren, die besonders im Falle der übertreibenden Rundzahlen[297] sichtbar wird. Wichtig aber ist es, dass sich in der Stadt zu dieser Zeit nachgewiesener Maßen nicht mehr als 205 Brücken befunden haben.[298] Doch das ist nicht der einzige gemeinsame Irrtum; auch die Übersetzung „Himmelsstadt" ist eine Fehlübertragung des chinesischen Namens[299], die beide Autoren bringen. Hinzu kommt die Zahl der zwölf Tore in Peking; sie ist für beide Autoren in dreizehn zu verbessern.[300]

Bedenkt man dazu, dass zwei weitere Anekdoten Marcos bei Odorico mit dem gleichen geographischen Standpunkt verbunden und in sehr ähnlichem Wortlaut gefasst sind[301], dann ist die Frage nicht länger zu umgehen, ob Odorico Marco Polos Bericht gekannt und benutzt hat. Gabriel löst für die beiden persischen Anekdoten das Problem so: „Odorich hatte gewiss nicht aus der „Beschreibung der Welt" entlehnt, sondern eben nur die Lesart gebracht, die in Persien in Umlauf war."[302]

---

[297] Curtius, Ernst R.   Europäische Literatur und lateinisches Mittelalter
                          Bern u München 1954
                          Exkurs XV: Zahlenkomposition (hier: S. 469)
[298] Strasmann   aaO S. 88, Anm. 15
[299] Yule, Marco Polo aaO   Bd 2, S. 201
[300] Yule, Cathay   aaO S. 194, Anm. 4
[301] So die Geschichte der Heiligen Drei Könige im persischen Saba (Gabriel aaO S. 88, Anm. 4) und die Geschichte vom „Alten vom Berge" (aaO   S. 188).
[302] aaO   S. 188; er muss aber zugeben, dass im Falle der Drei Weisen „keiner von den hochqualifizierten Reisenden " (ebda) diese angeblich doch verbreitete Geschichte berichtet hat.

Hier ist immerhin die Frage einer schriftstellerischen Abhängigkeit schon aufgekommen, und sie wird durch die Beobachtungen bei den chinesischen Städten dringlicher. Drei Möglichkeiten einer Erklärung dieser Berührungspunkte bieten sich an:

1. Beide Autoren schöpften aus der gleichen Quelle.

Diese These könnte auf Hangchow zutreffen, wo Marco Polo sich ausdrücklich auf ein Dokument beruft[303]. Sie ist aber nicht wahrscheinlich für die übrigen genannten Fälle von Übereinstimmungen.

2. Ramusio hat in Marco Polos Bericht Informationen Odoricos übernommen.

Gerade bei Hangchow ist auch diese Möglichkeit offen. Es ist die Stadtbeschreibung Marcos, die die meisten Erweiterungen durch Ramusio erfahren hat, die auch von der Toledo-Handschrift nur teilweise abgesichert werden[304]. Doch auch in diesem Fall trifft das nicht auf die Berichte aus Persien zu, die in fast allen Handschriften der „Weltbeschreibung" vertreten sind[305].

3. Odorico hat, was ja bei dem zeitlichen Abstand der Reisen beider Autoren durchaus möglich ist, die „Weltbeschreibung" Marcos gekannt.

Diese Kenntnis scheint allerdings nur in wenigen Fällen Niederschlag gefunden zu haben. Denn ich meine keineswegs, dass Odorico seine „China-Reise" etwa im Stil eines John de Mandeville zu Hause

---

[303] Daraufhin kam P.v.Taumer sogar zu der These, Marco Polo habe die Stadt Hangchow nie besucht (Yule, Marco Polo aaO   Bd 3, S. 97).
[304] Moule/Pelliot   aaO   Bd 1, S. 326 ff.
[305] aaO   Bd 1, S. 116 ff

verfasst habe[306]. Dagegen spricht nicht nur die Überlieferung, sondern auch seine Beschreibung von Kanton, der für diese Zeit einzige Bericht eines Abendländers über diese Handelsmetropole[307], und die richtige Beobachtung vieler typischer chinesischer Sitten, an denen Marco vorübergeht[308].

Jedenfalls könnte es von diesen mehr sporadischen Beobachtungen her lohnend erscheinen, die beiden Werke detailliert miteinander zu vergleichen und damit möglicherweise der Meinung entgegenzutreten, Reiseberichte seien sozusagen gattungsgemäß ohne Quellenbenutzung geschrieben[309].

Im Zusammenhang mit der Verifizierung von Einzelaussagen in Marcos Stadtbeschreibungen entfällt dann allerdings die Überprüfbarkeit durch Odoricos Bericht. Es ist also offen, ob die gefundenen Ergebnisse aufrechterhalten werden können. Um diese Frage zu beantworten, sei - nochmals am Beispiel Hangchows - die Schilderung Marcos in Gegenüberstellung zu einem chinesischen Autor überprüft.

---

[306] Stemmler, Theo (Hrsg)
Die Reisen des Ritters John Mandeville durch das Gelobte Land, Indien und China
Stuttgart oJ (1966)
[307] Strasmann   aaO   S. 80 ff.
[308] So die dünnen Bärte und die blasse Hautfarbe der Chinesen (aaO   S. 80), ihre langen Nägel und das Fußabbinden bei den Frauen (aaO   S. 124 ff.)
[309] Wie sie Strasmann zu vertreten scheint: „Nach Quellen für Oderichs Bericht braucht man nicht zu suchen" (aaO   S. 8).

Etienne Balazs[310] hat für die Zeit Marcos verschiedene chinesische Stadtbeschreibungen analysiert, die interessanterweise alle von Autoren unterer Schichten stammen; denn das Thema galt der Beamtenklasse als trivial.[311] Die hier interessierende Schilderung stammt von dem aus diesem Grunde unbekannten Autor Wu-Tsö-Mu[312] vom Jahre 1274, sie ist also fast zeitgleich mit Marcos Ankunft in China. Von diesem Bericht über Hangchow wird Marco weitestgehend bestätigt: Lagunenlage, hohe Brückenzahl, gute Wasserbaubehörden, Brandbekämpfung durch Wach- und Polizeiorganisation, Gewerbegliederung in Gilden, große Handelstätigkeit, hohe Einwohnerzahl, Wohltätigkeitseinrichtungen und feine Gastronomie[313], alles beschreibt der chinesische Autor ebenso wie der venezianische.

Da gerade der wortreichste Bericht Marcos noch einmal untersucht wurde, dürfte die Richtigkeit der Beobachtungen in den meisten Fällen außer Frage stehen.

Auch im Falle Marco Polos muss auf die Überprüfung von Einzelaussagen anhand moderner Forschungen verzichtet werden. Für Persien gilt die Auskunft Gabriels: „In einem Gebiet, in dem Bauten überwiegend aus Lehm verfertigt werden und in dem ein extrem kontinentales Klima herrscht, ist heute nicht mehr viel über der Erde erhalten von dem, was es zur Zeit Marco Polos gab."[314] Für China könnte die Lage

---

[310] Balazs, Etienne
Marco Polo dans la capitale de la Chine
in: Oriente Poliano   aaO S.133ff
[311] aaO S. 135
[312] In der französischen Transskription: Wou-Tseu-mou
[313] aaO S. 140-151
[314] Gabriel   aaO S. 10

besser sein, doch einerseits sind hier die Grabungen wenig bekannt oder wegen der starken Siedlungskontinuität unzureichend, andererseits wird gerade Marco Polo für diese Zeit immer wieder als Quelle benutzt[315], so dass die Überprüfung nur zu einem Zirkelschluss führen würde.

Dass Marcos Schilderungen sehr anschaulich sein können, zeigt die Beschreibung einer Marmorbrücke über den Hun ho, deren Namen er zwar verwechselt, die aber aufgrund einer gleichzeitigen chinesischen Zeichnung als richtig und ausgesprochen plastisch bezeichnet werden kann[316]. Dagegen wirken zahlreiche andere Beschreibungen in Persien wie in China sehr blass und zeugen nicht von der Akkuratesse des Autors. Den sehr exakten Angaben zum Kaiserpalast in Peking - Yule hat danach eine maßstabgetreue Skizze angefertigt[317] - stehen die technisch völlig unzureichenden Daten zu dem lediglich durch Superlative hervorgehobenen Palast in Hangchow gegenüber.

Ähnlich zwiespältig ist das Ergebnis einer Übersicht über die Richtigkeit der Angaben Marcos im Allgemeinen. Von modernen Forschungsreisenden[318]

---

[315] Egli, Geschichte   aaO S. 334: „Die ergiebigste Nachrichtenquelle für chinesische Städte des 13. Jahrhunderts ist der Bericht Marco Polos."
[316] Yule, Marco Polo   aaO Bd 2, S. 6, Anm. 2
[317] aaO   Bd 1, gegenüber S. 376
[318] Wie: Bretschneider, E.
        Die Pekinger Ebene und das benachbarte Gebirgsland
        in: Petermanns Geogr. Mitteilungen, Ergänzungsheft 46   Gotha 1876
        und:
        Boerschmann, Ernst
        Baukunst und Landschaft in China
        Berlin oJ (1923)
Diese beruhen zwar auf Autopsie und können daher viele Angaben bei Marco bestätigen, doch sind sie nicht detailliert genug, um eine ins Einzelne gehende Verifizierung zu ermöglichen.
Die mir zugänglichen Bände des T'oung Pao (1952-54, 1961-69) bieten hier leider kein Material.

können viele landschaftliche Hinweise Marcos bestätigt worden.[319] Doch zeigt schon die Unsicherheit in der Festlegung der Reiseroute[320], dass die Angaben nicht immer sehr genau sind. Es stehen den richtigen Bemerkungen aber auch viele falsche gegenüber, wie oben bei Hangchow gezeigt werden konnte. Als weiteres Beispiel für einen häufigen Fehler Marcos kann die verdrehte Windrosenorientierung gelten: In China sind die Angaben „nach Südosten" zum größten Teil in „nach Südwesten" zu verbessern; in Arabien verwechselt Marco gar den Nordwesten mit Osten!

So erscheint es erklärlich, dass neben den zahlreichen positiven Stellungnahmen zu Marcos Angaben[321] Stimmen wie die Gabriels zu hören sind: „Sorgfältig aber war er gar nicht."[322] "Gerade seine Beobachtungen auf geographischem Gebiet waren alles eher als vorbildlich [...]".[323]

4.32   Überprüfung des Gesamteindrucks anhand zeitgenössischer Quellen

Auch bei dieser Untersuchung ergibt sich, dass die zahlreichen knappen Stadtschilderungen Marcos einen

---

[319] Hambis   aaO   S. 179, Gabriel aaO   passim
[320] Zu Persien s. die Diskussion bei Gabriel   aaO   S. 116 ff., passim
[321] S.o. S.18, Anm. 48
[322] Gabriel   aaO   S. 40
[323] aaO   S. 43

sicher ungenügenden Eindruck von den vorliegenden Städten vermitteln; sie sind gerade noch ausreichend, um die Identifikation der Orte in den meisten Fällen zu gewährleisten.[324] Die sehr ausführlichen Schilderungen dagegen bieten ein im Großen sehr treffendes Bild der Städte.

Dementsprechend kommt man bei der Überprüfung des Gesamteindrucks anhand anderer zeitgenössischer Quellen zu zwei verschiedenen Antworten:

Der Gesamteindruck, den man zum Beispiel von Hangchow bei Marco Polo gewinnt, wird von dem chinesischen Autor eindeutig bestätigt. Auch der technisch detaillierte Bericht Rashidudins, der um 1300 unter den Ilkhanen zum Wesir aufstieg und eine Sammlung von Geschichten aber das Mongolenreich zusammenstellte, erbringt keine neuen Züge für die Stadt.[325]

Mohammedanische Schriftsteller dagegen geben z.B. ein viel umfassenderes Bild der islamischen Stadt in Persien mit ihren Moscheen und Märkten, als Marco Polo es tut.[326] Hier sei als Beispiel noch einmal die Stadt Täbris herangezogen. Marco würdigt sie als vorzüglichen Handelsplatz; der Spanier Clavijo, der Täbris nicht lange nach Marco besuchte, beschreibt sie folgendermaßen.[327]

Die Stadt, ohne Mauern zwischen schneebedeckten Bergen errichtet, „besitzt viele schöne Gassen und Straßen und Marktplätze, deren Eingänge Kaufläden

.

---

[324] So ist es Yule, Marco Polo aaO Bd 2, S. 137 Anm. 1 möglich, die Verwechslung der Namen für die Städte Yen-chan und Tsinan, bzw. der zugehörigen Berichte zu erkennen.
[325] Yule, Cathay aaO Bd 3, S, 114 ff.
[326] S. Gabriel aaO S. 57 ff.
[327] Zitiert nach Hart aaO S.116 f.

gleichen. Und auf den Märkten gibt es Häuser mit Warenlagern und Durchgänge und Tore, die von einer Straße zur anderen führen, und dort werden gewebte Stoffe aus Seide und Baumwolle, Sandelholz, Taft, Seide und Perlen verkauft. In einer der Arkaden des Marktes handeln Kaufleute mit Parfüm und Schönheitsmitteln für Frauen [...]. In den Straßen und Plätzen dieser Stadt gibt es viele Quellen und Brunnen."

Kennzeichnend für den Unterschied der vorgeführten Anschauungen ist meines Erachtens die mangelnde bauliche Fixierung bestimmter Züge der Stadt bei Marco. Täbris wird ein weitreichender Handel zwar zuerkannt, doch diese Beobachtung wird nicht anhand von hervorstechenden Baulichkeiten veranschaulicht, wie Clavijo es ausführlich tut.

Im Folgenden soll eine Überprüfung dieses Ergebnisses wie der Diskrepanz zwischen richtiger Stadterfassung bei längeren Beschreibungen und verzerrter Wiedergabe bei den kurz erwähnten Städten anhand der modernen Stadtlandschaftsforschung versucht werden.[328]

4.33   Stadtlandschaften in Orient

4.331   Die islamische Stadtlandschaft

Es ist zu bedenken, dass Marco sehr verschiedene Kulturkreise bereist und beschrieben hat. Man kann

---

[328] Die Überprüfung des Gesamteindrucks auch anhand moderner Arbeiten wird durch die fast ausschließliche Benutzung der Angaben Marcos unmöglich gemacht (besonders bei Egli aaO S. 338 ff.).

nach den beiden großen Gruppen der islamischen und der chinesischen Städte gliedern; dabei gehören der ersten Gruppe die anatolischen, persischen und arabischen Orte an, die Marco berührt.

Die arabischen und anatolischen Städte bei Marco müssten starke Ähnlichkeiten mit den von Wilhelm beschriebenen Orten haben, da beide Gruppen nach Egli zu dem mittleren Bereich des islamischen Städtebaus zu rechnen sind. Stichwortartig seien noch einmal die wesentlichen Züge dieses Stadttyps genannt:

1.die nach innen gekehrten, „verbauten" Quartiere als Zellen der Stadt,

2.die Trennung von Herrschafts- und Wohngebiet,

3.die religiöse und wirtschaftliche Prägung.

Halten wir daran die bevorzugten Gesichtspunkte Marcos, wie sie etwa aus Tabelle V für die arabischen Städte zu ersehen sind, so ergibt sich eine sehr starke Berücksichtigung einer wirtschaftlichen Tätigkeit, doch fehlt dabei wie überhaupt eine Stellungnahme zur baulichen Erscheinung der Stadt. Die Orte werden in ihrem regellosen Plan nicht erfasst; ihre besonderen Bauten wie Moscheen, Bazare, Karawansereien oder ähnliche bleiben völlig unbeachtet.

Gleiches gilt für die wenigen und nur im Vorübergehen behandelten anatolischen Städte.[329] Die Eigenart der Bauweise, die aufgrund der klimatischen Verhältnisse Inneranatoliens nicht hölzernes, sondern nur noch steinernes Material verwendet[330], wird von Marco an keiner Stelle erfasst.

---

[329] Bartsch, Gerhard
        Stadtgeographische Probleme in Anatolien
          in: Verhandlungen des deutschen Geographentages 28   1951   S.129ff
[330] aaO   S. 130, wo diese Unterschiede auf Rand- und Binnenlandschaft verteilt werden.
Weiter wird hervorgehoben: „Besondere Bauelemente wie die hochentwickelte Steinornamentik und das Stalaktitengewölbe, die einzeln stehenden Mausoleen [...] spielen im Formenbild dieser Städte eine Rolle."

Ebenso bleibt bei Marco die Berücksichtigung des religiösen Eindrucks bei der bloßen Nennung der konfessionellen Zugehörigkeit stehen und schlägt sich nicht in der architektonischen Anschauung nieder.

Die persischen und turanischen Städte gehören bereits dem ostislamischen Bereich an und zeigen daher neben den oben herausgestellten Zügen noch Besonderheiten. Die Vermischung von persisch-rationaler Planidee und der islamischen malerischen Grundhaltung führt in diesen Gebieten zu immer neuen Varianten von symmetrisch-großräumiger und achsenlos-kleinräumiger Baukonzeption.[331]

Eine Gruppierung nach derlei Gesichtspunkten trifft man in Marcos Schilderungen nicht an. Leider ist die Wahl der Orte bei Marco nicht günstig für eine Überprüfung; denn die meisten sind heute so zerstört, dass eine Identifikation kaum, eine Rekonstruktion des mittelalterlichen Stadtbildes nur in Ausnahmefällen möglich ist.[332] Feststellbar ist allerdings, dass Marco an verschiedenen Orten sogar berühmte Gebäude unerwähnt lässt, wie etwa die Kachelmosaiken der Moschee von Täbris[333] oder die Freitagsmoschee mit ihrem schönen Minarett in Saweh oder den dortigen Staudamm mit Festung.[334]

Im abflusslosen Hochland Innerpersiens begegnet man außerdem einer auffälligen Veränderung in der Bauweise:

„Es gab wegen Holzmangels keine Flachhäuser mehr, sondern ein neuer Wohnhaustyp begann, nämlich das Kuppelhaus. Zumeist bestand es aus einem einfachen würfelförmigen Lehmziegelbau, der anstelle

---

[331] Egli G. aaO   S. 295
[332] aaO   S. 296
[333] Gabriel   aaO S. 60
[334] aaO   S. 89f

der horizontal gelegten Dachbalken eine mit einer Lehmschicht überzogene Kuppel aus Ziegeln aufwies. Es gab auch langgestreckte fensterlose oder nur mit Luken versehene Mehrfamilienhäuser, allenfalls mit Dachgewölbe von Tonnenform [...]".[335] Der Eindruck eines solchen Ortes, wie ihn noch heute abgelegene Dörfer im Wüstengürtel Persiens vermitteln können, lässt sich wohl am besten mit einem Haufen von sandfarbenen, geduckten Iglus vergleichen, worin nur selten schlanke Minarette aufragen.[336]

Zusammenfassend lässt sich feststellen, dass bei den Einzelaussagen zwar oft richtige Beobachtungen vorhanden sind, dass aber insbesondere der bauliche Gesamteindruck dieser Städte von Marco nicht erfasst wird.[337] Er wird dem Typ der Stadt im islamischen Bereich nicht gerecht.

4.332   Die chinesische Stadtlandschaft

Egil greift für den chinesischen Städtebau im Mittelalter auf die uralten geomantischen Traditionen zurück: im Versuch, die gewaltigen kosmischen Kräfte gnädig zu stimmen, legten die Chinesen beim Städtebau strenge Regeln an, die sich vor allem im quadratischen Grundriss, der Palastorientierung (nach Norden oder Süden), der Doppelmauer und dem Umland (möglichst eine Senke) zeigen.[338]

---

[335] Gabriel   aaO   S. 8
[336] vgl. aaO   Abb. 24, Tafel XIII
[337] aaO   S. 60: „auf der Reise durch Persien fällt ganz besonders auf, dass Marco Polo eindrucksvolle Bauwerke nicht berührte."
[338] Egil Geschichte aaO   S. 333 ff.; s. auch
v. Erdberg-Consten, Eleanor   Zeit und Raum in der Geomantik
                          in: Boettger/Pflug aaO   S. 29ff.

Egli fügt aber hinzu, dass bis zur Zeit der Mongolenherrschaft in China manche dieser strengen Regeln gelockert wurden: das Quadrat wird meist zum Rechteck; um die Mauern bilden sich Vororte; die vorher fest geschlossenen Quartiere werden durchlässig bis auf die „verbotene Stadt", das Verwaltungs- und Palastviertel.[339]

Wie im fränkischen Palästina stehen wir in China vor dem Problem einer Fremdherrschaft und damit der möglichen Überdeckung chinesischer Traditionen durch Eingriffe der Tataren. Allerdings steht Kubilai erst direkt am Beginn der Eroberung von China. Er schafft sich zwar neue Residenzen, die „innerasiatische Einflüsse verraten (Lagerstadt), aber im Übrigen chinesischen Traditionen verbunden blieben".[340] Die städtebauliche Wirkung der Mongolenzeit bleibt damit irrelevant. Das ist besonders an der einzigen wichtigen Stadtgründung der Mongolen, Taidu, ersichtlich. Diese Gründung soll, der chinesischen Tradition nach und aus dem archäologischen Befund erweisbar, von einem Chinesen nach den alten heiligen Regeln vorgenommen worden sein.[341]

Neben der streng idealtypischen Baukonzeption, die sich auch im rechtwinkligen Straßennetz niederschlägt, sind andere Züge für die chinesische Stadt des 13. Jahrhunderts wesentlich. Michel Cartier[342]

---

[339] Egli G. aaO   s. 334

[340] ebda

[341] Hok-Chan-Lam   Liu ping-chung (1216-74)
                      in: T'oung Pao 52 1965/66 S. 98 ff.

[342] Cartier, Michel
Une tradition urbaine: les villes dans la Chine antique et médiévale
in: Annales E.S.C. 25 1970   S. 831 ff.

unterscheidet folgende Signifikanten einer chinesischen Stadt:

Herrschaftssitz mit religiöser wie administrativer Funktion,

Festung mit Mauern,

wirtschaftlicher Konzentrationspunkt, vor allem für den Handel[343].

In ähnlicher Weise definiert auch Schmitthenner[344] den chinesischer Stadttyp:

„Der Begriff einer Stadt ist in China klar umrissen. Es ist nicht die Zahl nahe beieinander wohnender Menschen [...], sondern die Stadt ist der Sitz eines Beamten, ein politisches und militärisches Zentrum eines Gebietes und damit auch dessen kulturelle und wirtschaftliche Herzkammer. Das äußerliche Kennzeichen der Stadt aber ist die Mauer."[345]

Neben dem geomantischen „Zauber"[346] weist Schmitthenner auf weitere bauliche Besonderheiten hin.

---

[343] Cartier   aaO   S. 833; er konstatiert in der Abfolge dieser Funktionen gleichzeitig eine historische Entwicklung, die aber für die hier betrachtete Zeit als abgeschlossen gelten kann:
„Il semble bien que ce soit à ces dynasties „barbares" qu'il faille attribuer la transformation caractéristiques du plan des capitales qui en fait de véritables villes fortes." (hier: S.837)
„Le tableau que brossent des grandes villes de l'époque Sung aussi bien les écrivains indigènes que Marco Polo est celui d'une extraordinaire activité économique." (hier: S. 839)
Im Verlauf seiner Untersuchung kommt Cartier zu der Schlussfolgerung, dass eine „véritable classe bourgeoise" (S. 841) in der eigentlich ländlichen Zivilisation Chinas sich nicht ausgebildet hat, damit eine frühe Vermutung Max Webers bestätigend.
[344] Schmitthenner, Heinrich   Die chinesischen Städte
                                  in: Stadtlandschaften der Erde   aaO   S. 85 ff
[345] aaO   S. 86
[346] aaO   S. 86

So sind oft weite Flächen innerhalb des Mauerrings unbebaut, ein Zeichen der früheren Fliehburgfunktion der Städte.[347] Die ausgedehnten Vorstädte sind besonders im Süden Chinas die zentralen Wirtschaftsorte mit dem Hauptbazar[348], während im Norden meist die Straße die Rolle des Marktes übernimmt[349]. Die Flusslage der südlichen Städte legte es nahe, möglichst oft Kanäle durch die Stadt zu ziehen.[350] Typisch für den Aufriss der Stadt ist das Fehlen jeder Silhouette abgesehen von der Mauer.[351] Die Tempel, eher Säulenhallen, die Pagoden und die Steintürme der Pfandhäuser sind selten und kommen nur in den südlichen Städten häufiger vor.[352]

Betrachtet man auf diesem Hintergrund die chinesischen Städte in der Beschreibung Marcos, so kann man für Peking und Hangchow feststellen, dass der Autor den vorgestellten Stadttyp weitgehend erfasst hat. Wenn er auch nicht direkt auf die geomantischen Regeln

---

[347] Schmitthenner   aaO   S. 90; s. auch
Köhler, Günther   Siedlungs- und verkehrsgeographische Fragen Nord-Chinas
                       in: Verhandlungen des deutschen Geographentages 28 1951
                       S. 277 ff. (hier: S. 279)
[348] Schmitthenner   aaO   S. 89
[349] aaO   S. 92
[350] ebda
[351] aaO   S. 94
[352] aaO   S. 97; Schmitthenner kommt analog zu Cartier zu der Frage nach dem Charakter der chinesischen Urbanität und gibt die Antwort: „Man darf die Chinesen nicht als Stadtvolk bezeichnen; eher kann man ihre Städte übergroße Dörfer nennen." (S. 105) Beide Autoren gelangen also zu der Schlussfolgerung, dass dem Gros der chinesischen Städte eine Stadtdefinition nach heutigen Vorbildern unserer Region vor allem in sozialer Hinsicht nicht gerecht wird.
Es muss im Zusammenhang dieser Arbeit offenbleiben, ob von dieser Erkenntnis auch der Stadtcharakter der von Marco beschriebenen Städte in Frage gestellt wird.

eingeht[353], so erkennt man doch im Fall Pekings etwa den systematischen Grundriss der Anlage, die vielen Vororte als Wirtschaftszentrum auch für die ausländischen Händler[354], die hochragende Mauer, das anschaulich beschriebene Palastzentrum, die paramilitärische Überwachung der Stadt.

Auch Hangchow ist ähnlich treffend beschrieben. Die kanalreiche Anlage, die Gildenordnung und die hohen Steintürme kennzeichnen sogar typische Besonderheiten der südchinesischen Städte.

Die schon oben als wenig ergänzungsbedürftig erkannten ausführlichen Stadtschilderungen Marcos sind also auch anhand moderner Stadtforschung nicht als verzerrend, sondern als sehr gut beobachtet zu beurteilen.

Fragt man allerdings nach den übrigen Stadtbeschreibungen, so ist auch im chinesischen Bereich festzustellen, dass das bauliche Element kaum Berücksichtigung findet. Die vorrangig beachteten Gesichtspunkte Marcos aber, nämlich der Handel und die Verwaltung, d.h. die administrative Zugehörigkeit der Städte, treffen zwei Grundzüge der chinesischen Stadt im Bewusstsein ihrer Bewohner. Zwar ist das dritte wesentliche Merkmal, die Mauer, bei Marco selten erwähnt[355], doch hat Marco bei aller Formelhaftigkeit in den Beschreibungen die chinesische Stadtlandschaft immerhin in zwei Konstituanten erkannt.

.

---

[353] Sie sind aber wohl gemeint, wenn Marco angibt, dass Peking nach den Vorschriften der Astrologie erbaut sei.

[354] Diese Erscheinung trifft man also nicht nur im Süden an, wie Schmitthenner meint.

[355] Das ist eventuell durch Zerstörung bei der tatarischen Eroberung erklärlich.

Fassen wir die Ergebnisse dieser vergleichenden Untersuchung zusammen:

Es sind in Marcos Beschreibungen verschiedene Grade von Wirklichkeitsnähe zu beobachten. Während die islamische Stadtlandschaft in ihren Hauptzügen bei Marco nicht wiederzufinden ist und grundsätzlich ein starker Mangel an architektonischem Interesse festgestellt werden kann, ändert sich dieser Eindruck bei den Beschreibungen chinesischer Orte. Hier trifft Marco bei den kürzer gehaltenen Abschnitten mindestens zwei von drei Merkmalen des chinesischen Stadttyps und kommt damit der Stadtdefinition nach chinesischer Auffassung sehr nahe. Die ausführlichen Kapitel aber decken selbst in baulicher Erscheinung und architektonischen Besonderheiten die modernen Forschungsergebnisse ab.[356] Damit kann Marco sehr realistische Beschreibungen liefern.

5   Vergleichende Zusammenfassung

Die Betrachtungs- und Beschreibungsweise der beiden mittelalterlichen Autoren weicht erheblich voneinander ab.

Trotz großer rhetorischer Variationen behält Wilhelm einige Gesichtspunkte ständig im Auge. Diese aber decken sich nicht mit einem nach modernem Urteil typischen islamischen Stadtbild. Selbst bei Berücksichtigung der Ausnahmesituation in einem Lande unter christlicher Fremdherrschaft kann man Wilhelm keine „realistische" Differenzierungsfähigkeit

.

---

[356] Es ist zu bedenken, dass Peking und Hangchow stets beispielhaft verwandt wurden, weil auf sie das Gesagte in besonderem Maße zutrifft. Hier sind aber auch weitere chinesische Städte zu nennen wie Chengtu, wo die Aufteilung durch Mauern und die Brücken gut beschrieben sind, und auch Sian.

der beschriebenen Städte zuschreiben, auch wenn die beobachteten Einzelheiten meist richtig sind. Die rhetorische Individualisierung beinhaltet also noch keine realistische Merkmalsfindung.

Bei Marco erwies sich die Lage als komplizierter. Im Gegensatz zum islamischen Bereich sind die Wesenszüge der chinesischen Städte weitgehend erfasst, für einzelne breiter angelegte Schilderungen kann man sogar von einer vollständigen Erfassung des Stadttyps sprechen. Bei ihm kann also die zum Teil fast stereotype Beschreibungsreihe einen im Wesentlichen treffenden Stadttyp meinen.

Während also für Wilhelm eine Perspektivenverengung in der Abbildung von Städten angenommen werden muss, kann Marco wenigstens in einigen Fällen als ein Beobachter ohne verzerrendes Hauptaugenmerk bezeichnet werden.

Man könnte diese beiden gegensätzlichen Anschauungsweisen mit einer Antithese aus der kunstgeschichtlichen Forschung vergleichen: mit den „Veduten" und den „Prospekten" von Städten.[357] Während die Vedutenentwerfer versuchen, einen naturgetreuen Ausschnitt oder Gesamteindruck einer Stadt wiederzugeben, bemühen sich die Künstler im Prospekt um eine möglichst gelungene künstlerische Komposition der vorgegebenen Bausteine. Will man die Veduten als „realistisch" bezeichnen, so können die Prospekte als „idealistisch" gelten. Meyer verknüpft mit dieser Feststellung folgende Meinung: „Der Prospekt ist demnach als Dokument für die exakte geschichtliche Forschung bedeutungslos und ohne Quellenwert. Bestenfalls

---

[357] Meyer, Hans   Grenzen Aussichten und Methoden
                       der Auswertung des Städtebildes
                       für die Geschichtsforschung
                       in: Historische Zeitschrift 150   1934   S. 306 ff. (hier: S. 306)

hat er kunstgeschichtliche Bedeutung".[358']
Dieser Erkenntnisstand aber scheint mir mindest mit der Untersuchung Lavedans überholt zu sein. Deshalb sollen im Resultat dieser Arbeit nicht die zutreffenden Beschreibungen Marcos lediglich gerühmt oder weiterverwertet werden, sondern es soll vielmehr nach Erklärungen für die Deformationen bei den übrigen Beschreibungen beider Autoren gesucht werden, um damit eine positive Charakterisierung ihrer Stadtanschauung zu ermöglichen.

5.1   Christliches Städtelob bei Wilhelm von Tyrus

Es konnte schon mehrmals auf die große rhetorische Fertigkeit Wilhelms verwiesen werden. Bisher ist selten die Frage aufgeworfen werden, ob diese Bindung an gelehrte Vorschriften nicht auch die inhaltlichen Auslagen des Autors beeinflusst haben könnte Witzel, der entgegen der vorliegenden Arbeit nur die Gestalt der geographischen Exkurse in größerem Zusammenhang untersucht[359], weist darauf hin, dass Wilhelms Stadtbeschreibungen sich eng an die Regeln des antiken Exkursaufbaus halten.[360] Für die inhaltliche Füllung geben die tradierten Topoi weitgehend die Anweisungen:
„Die allgemeinen Topoi geben Auskunft über die Lage der Örtlichkeit, über ihre Größe, Ausdehnung und Form sowie ihre Begrenzung durch Nachbargebiete,

---

[358] Meyer   aaO   S. 306
[359] "Nicht die geographischen Kenntnisse und Interessen der Autoren sollen gewürdigt werden, sondern die Gestalt, in der die Geschichtsschreiber sie uns mitteilen." (Witzel   aaO   S. 5)
[360] aaO   S. 51 ff.

Meere, Flüsse und Gebirge. Hinzu kommen Angaben über die Etymologie geographischer Namen und die Herkunft eines Volkes, ferner solche über Entfernungen, Maße, klimatische Verhältnisse, die Fruchtbarkeit (...) und besondere Merkwürdigkeiten."[361]

Für den besonderen Fall der Städteschilderungen gibt es eine spätantike Rhetorikanweisung, die - wenn auch nicht ihre Benutzung durch Wilhelm behauptet werden soll - doch eine gängige Lehre widerzuspiegeln scheint:

"De laudibus urbium.
Urbium laudem primum conditoris dignitas ornat idque aut ad homines illustres pertinet aut etiam ad deos, ut Athenas a Minerva dicitur constitutas: et ne fabulosa potius quam vera videantur. Secundus est de specie moenium locus et situs, qui aut terrenus est aut maritimus et in monte vel in plano: tertius de fecunditate agrorum, largitate fontium, moribus incolarum: tum de his ornamentis, quae postea accesserint, aut felicitate, si res sponte ortae sint et prolatae aut virtute et armis et bello propagatae. Laudamus etiam illud, si ea civitas habuerit plurimos nobiles viros, quorum gloria lucem praebeat universis. Solemus et a finitimis civitatibus laudem mutuari, si aut maiores sumus, ut alios protegamus, aut si minores, ut luce finitimae luminemur."[362]

Gerade die drei Gesichtspunkte, die Wilhelm durchgängig erwähnt, die Lage, die Geschichte und selbst die Wasserversorgung, finden wir hier wieder. Auch gehen die übrigen bei ihm anzutreffenden Aspekte kaum über diesen Katalog hinaus. Damit kann eine starke rhetorische Beeinflussung des Stadtbildes Wilhelms festgehalten werden, wenn man auch mit Witzel eine Füllung dieses Ideals anhand gehaltvoller geographischer Details bei Wilhelm jedenfalls einräumen muss.[363]

---

[361] Witzel   aaO   S. 100
[362] Halm Carolus (Hrsg)   Rhetores Latini minores
                                 Leipzig 1863
                                 (hier: s. 587, in den Excerpta Rhetorica)
                                 Hinweis bei Witzel   aaO   S. 32 f.
[363] aaO   S. 130 ff.

Hinzu kommt nun die deutliche Überformung dieses antiken Vorbilds durch christliche Traditionen. Die Gründer der Städte sind biblischen Ursprungs; die Gebäude sind meist Kirchen; die berühmten Nachbarorte wie die Berühmtheit der Stadt selbst werden an der kirchenpolitischen Stellung gemessen, und die großen Männer der Stadt sind christliche Märtyrer oder Apostel. Auch die Geschichte des Ortes wird in diesem Sinne „christianisiert".[364]

Zwei Einflussstränge, die antike Rhetorik und die christliche Ausrichtung, können so die festgestellten Deformierungen der Städtebilder Wilhelms erklären. Auch der Mangel an Differenzierungsfähigkeit findet seinen Platz in der gewissen idealen Starrheit, „die für die mittelalterliche Deskription kennzeichnend ist."[365] Diese mangelnde Anschaulichkeit, das Fehlen am konkreten Einzelnen, das bei Wilhelm zu einer gewissen Unbelebtheit der Städte führt, erhellt aus dem anderen, dem idealen Wirklichkeitbegriff des Mittelalters[366], in das Wilhelm demnach integriert erscheint.

---

[364] Curtius aaO S. 166: „Eine unmittelbare Verbindung zwischen antiker Epideixis und mittelalterlicher Poesie finden wir in den Lobgedichten auf Städte und Länder [...]. Die Vorschriften für Städtelob sind von der spätantiken Theorie genau ausgebildet worden. Man ging von der Lage aus und hatte dann sämtliche anderen Vorzüge der Stadt zu erwähnen, nicht zuletzt ihre Bedeutung für Pflege von Kunst und Wissenschaft. Dieser letzte topos wurde im Mittelalter in kirchlichem Sinne umgebildet. Den größten Ruhm einer Stadt bilden jetzt ihre Märtyrer (und deren Reliquien), ihre Heiligen, Kirchenfürsten Gottesgelehrten. „ Nach dem Vorbild der Laus Spaniae, mit der Isidor seine Chronik beginnt, sind dann auch mittelalterliche Epiker stark von der antiken Prunk- oder Lobrede beeinflusst worden." (aaO S. 167).
[365] Witzel aaO S. 136
[366] aaO S. 137

Herausgehoben jedoch wird Wilhelms Beschreibungsweise dadurch, dass die Idealvorstellung zwar im Großen angestrebt wird, dass aber die Details davon nicht auch verzerrend beeinflusst werden. Das zeigt sich sehr deutlich an der Beschreibung Jerusalems, das nach mittelalterlicher kartographischer Tradition nicht nur Mittelpunkt, sondern auch die größte und prächtigste Stadt der Welt sein sollte.[367]

Wilhelm dagegen beschreibt Jerusalems Größe einfach als „mittelmäßig".

Doch auch in einem negativ scheinenden Fall beweist Wilhelm seine Unabhängigkeit von den antiken Lehren: die eigenwillige Knappheit, mit der er Konstantinopel bedenkt, ist nur aus persönlicher Abneigung, nicht aber aus topischen Vorbildern begründbar. Damit beweist Wilhelm in positiver wie in negativer Ausrichtung eine geistige Freiheit von den überlieferten idealistischen Fiktionen, die ihn schon an die Stufe zu einem neuen Wirklichkeitsbegriff zu stellen vermag.

5.2   Funktionaler Stadtbegriff bei Marco Polo

Auch bei Marco Polo lässt sich ein Nachklingen der antiken Rhetoriktradition feststellen, vor allem dort, wo Marco zwar in kurzen Worten, aber doch sehr häufig eine allgemeine Würdigung der Stadt einfließen lässt. Hierin ist wohl der Grundzug der rhetorischen Lehren, „die schönen, angenehmen Seiten der Örtlichkeit hervorzuheben"[368],wiederfinden. Darüber hinaus

---

[367] Müller   aaO   S. 54 ff.
[368] Witzel   aaO   S. 139

hat im Gegensatz zu Wilhelm diese Tradition bei Marco keine Spuren hinterlassen.

Abgesehen von den realistischen längeren Schilderungen trifft man auch bei Marco einen Mangel an Anschaulichkeit in den Schilderungen an, der besonders das Aussehen der Städte, ihren Baukörper, angeht. Dieser Mangel führt in erster Linie dazu, dass Marco nicht imstande ist, den Charakter der islamischen Stadtlandschaft wiederzugeben. Im Gegensatz zu Wilhelm aber erscheinen seine Städte nicht unbelebt, sondern kennzeichnend für seine Beobachtungen ist gerade das <u>Hervorheben des städtischen Lebens</u>, dem zuliebe der architektonische Hintergrund vernachlässigt wird. In fast allen Beschreibungen treten am häufigsten die Einwohner in ihrer Tätigkeit auf. Die Beobachtungen (zum Handel, zum Geldwesen und anderem) werden meist personal gebunden; Marco macht selten abstrakte Angaben. Statt eines möglichen Ausdrucks „die dortige Währung besteht in Papiergeld" heißt es stets „die Einwohner benutzen Papiergeld". Diese Ausdrucksweise spiegelt die Anschauung Marcos überhaupt wider: Er betrachtet die Städte nicht abstrakt, sondern er sieht die Stadt in ihren Funktionen für die Einwohner. Die Stadt bietet die Möglichkeit, Handel zu treiben, Religionen auszuüben, Herrschaft und Verwaltung zu zentralisieren.
Anhand dieser Sichtweise Marcos lässt sich auch die Diskrepanz der Stimmigkeit seiner Gesamteindrücke im islamischen und chinesischen Städtebaubereich erklären. Da die chinesische Stadt vordringlich funktional definiert wird[369], hat Marco in der chinesischen Stadtlandschaft wesentliche Züge erkannt. Wo die funktionale Definition hinter der Bestimmung vom Baukörper her zurückbleibt wie bei der islamischen Stadtlandschaft, müssen Marcos Beschreibungen daher

---

[369] S. o. S. 123

weitgehend unzutreffend ausfallen!

Wenn auch der funktionale Stadtbegriff Marcos wiederum Deformierungen in den Stadtbeschreibungen mit sich bringt, so setzt Marco sich damit doch weit von den antik-mittelalterlichen Bindungen ab. Er zeichnet neue Wege der Entwicklung der Wirklichkeitsauffassung: besonders in seinen kurze Notizen wird die Möglichkeit einer ganz einseitig pragmatischen Ausrichtung der Beschreibung deutlich, wie sie der „Handelsführer" Pegolotti schon wenig später zeigt[370]; doch Marco eröffnet auch die Möglichkeit der realistisch-naturgetreuen Schilderung, für die er selbst gelungene Beispiele vorführen kann.

Verschiedene Fragen müssen nach dieser Untersuchung unbeantwortet bleiben. Was war die treibende Kraft, die innerhalb von hundert Jahren die Umorientierung der Wirklichkeitsauffassung ermöglicht hat, die bei Wilhelm erst leise anfing und bei Marco schon ausgebildet in Erscheinung tritt? Hier dürfte die Antwort sicher auch in den besonderen Entwicklungsbedingungen der blühenden italienischen Handelsstädte zu suchen sein, die in der aufkommenden Bewegung der Renaissance ein verstärktes Selbst- und Umweltbewusstsein gefördert haben. Wie sich die Konfrontation

---

[370] Evans, Allan (Hrsg)   Francesco Balducci Pegolotti
La Pratica della Mercatura
Cambridge (Mass.) 1936

mit der städtischen Umwelt im gleichzeitigen Deutschen Reich gestaltet hat, bleibt weiteren Analysen zur Klärung überlassen. Doch kann mit einiger Berechtigung vermutet werden, dass sich dort sehr viel später eine neue, nicht idealisierte Betrachtungsweise durchgesetzt hat.[371]

---

[371] Wie es die Entwicklung der Städtebilder zeigt   (Meyer   aaO   S.309).

LITERATURVERZEICHNIS

I. Kartographische Hilfsmittel

Bartholomew, John — China, Mongolia and Korea
(Maßstab 1 : 4,5 mio)
Edinburgh (revidiert) 1968

ders. — India, Pakistan and Ceylon
(Maßstab 1 : 4 mio)
Edinburgh 1970

Bertelsmann Hausatlas — oO   oJ (Gütersloh 1960)

Meyer, kartographisches Institut (Hrsg) — Meyers Neuer Geographischer Handatlas
Mannheim   oJ (1966)

Putzger, F. W. — Historischer Weltatlas
Bielefeld usw oJ (87Aufl. (1965)

Völker, Staaten und Kulturen — Braunschweig   oJ   (1957)

II. Quellen

Evans, Allan (Hrsg) — Francesco Balducci Pegolotti
La Pratica della Mercatura
Cambridge (Mass.) 1936

Halm, Carolus (Hrsg) — Rhetores Latini minores
Leipzig 1863

Historia rerum in partibus transmarinis gestarum a tempore successorum mahumeth usque ad annum domini MCLXXXIV edita a venerabili Willermo Tyrensi Archiepiscopi
in: Recueil des Historiens des Croisades
Historiens Occidentaux t. 1   T. 1-2
Paris 1844

Kausler, E. u. R.	Geschichte der Kreuzzüge und des Königreichs Jerusalem aus dem Lateinischen des Erzbischofs Wilhelm von Tyrus Stuttgart 1840
Lemke, Hans (Hrsg)	Die Reisen des Venezianers Marco Polo im 13. Jahrhundert Hamburg 1908
Le Strange, Guy	Palestine under the Moslems Beirut 1965 (Nachdr. v. 1890)
Moule, A.C./Pelliot, Paul	Marco Polo: The Description of the World 2 Bde London 1938
Ramusio, Giovanni Baptiste	Navigationi et Viaggi Bd 2 Venedig 1559
Stemmler, Theo (Hrsg)	Die Reisen des Ritters John Mandeville durch das gelobte Land, Indien und China Stuttgart oJ (1966)
Strasmann, Gilbert (Hrsg)	Konrad Steckels deutsche Übertragung der Reise nach China des Odorico de Pordenone o0 oJ (Berlin 1968) (Texte des späten Mittelalters und der frühen Neuzeit Heft 20)
Tobler, Titus/ Molinier, Augustus (Hrsg)	Itinera Hierosolymitana Genf 1379
Wyngaert, Anastasius (OFM)(Hrsg)	Odorico de Pordenone in: Sinica Franciscana Florenz 1929
Yule, Sir Henry	The book of Ser Marco Polo 3.durchgesehene Auflage hrsg. v. Cordier, Henri 3 Bde London 1921

III. Sekundärliteratur

Balazs, Etienne
Marco Polo dans la capitale
de la Chine
in: Oriente Poliano aaO   S. 133 ff.

Bartsch, Gerhart
Stadtgeographische Probleme
in Anatolien
in: Verhandlungen des deutschen
Geographentages 28
1951   S. 129 ff.

Bischoff, Johannes
Die Gründung der Altstadt
Erlangen als Stützpunktstadt Karls IV.
in: Zeitschrift für bayr. Landesgeschichte 32
1969 S. 104 ff.

Boerschmann, Ernst
Baukunst und Landschaft in China
Berlin oJ (1923)

Boettger, Alfred/
Pflug, Wolfram u.a
Stadt und Landschaft - Raum und Zeit
FS für Erich Kühn
Köln 1969

Bon, Antoine
La Morée Franque. Recherches
Historiques , Topographiques et
Archéologiques
sur la Principauté d'Achaie
(1205 — 1430)
2 Bde Paris 1969
(Bibliothèque des Ecoles Françaises
d'Athène et de Rome Bd 213)

Bretschneider, E.
Die Pekinger Ebene und das benachbarte
Gebirgsland
in: Petermanns Geogr. Mitteilungen
Ergänzungsheft 46
Gotha 1876

Busch-Zantner, Richard
Zur Kenntnis der osmanischen Stadt
in: Geographische Zeitschrift 38 1932 S. 1 ff.

Cahen, Claude

La Syrie du Nord à l'époque
des Croisades
Paris 1940

ders.

Douanes et commerce dans les
ports meditérranéens de l'Egypte
médiévale d'après le Minhadj d'Al-
Makhzumi
in: Journal of the Economic and Social
History of the Orient VII
1964 S. 218 ff.

Cartier, Michel

Une tradition urbaine: les
villes dans la Chine antique et médiévale
in: Annales E.S.C. 25
1970 S. 831 ff.

Chan, Hok-Lam

Liu ping-chung (1216-74)
in: T'oung Pao 52
1965/66   S. 98 ff.

Chaunu, Pierre

L'expansion Européenne du
XIIIe au XVe siècle
(Nouvelle Clio 26 1969)

Curtius, Ernst Robert

Europäische Literatur und
lateinisches Mittelalter
Bern u. München 2. Aufl. 1954

Eberhard, Wolfram

Chinas Geschichte
Bern oJ (1948)
(Bibliotheca Sinica Bd 1)

Egli, Ernst

Geschichte des Städtebaus
2. Bd Das Mittelalter
Zürich, Stuttgart oJ (1962)

ders.

Der Städtebau des Mittelalters
in: Studium Generale 16
1963 S. 351 ff.

v. Erdberg-Consten, Eleanor | Zeit und Raum in der Geomantik
in: Boettger/Pflug aaO S. 29 ff.

Fitzgerald, C.P. | China
oO   oJ (München 1967)

Gabriel, Alfons | Marco Polo in Persien
Wien oJ (1963)

Garstang, John | Prehistoric Mersin
Oxford 1953

Gerlach, Walther | Stadtgestaltungsforschung
in: Studium Generale 16 1963 S. 323 ff.

Grousset, René | Histoire des Croisades et
du Royaume Franc de Jérusalem
3 Bde Paris 1934-36

Grundmann, Herbert | Geschichtsschreibung im Mittelalter
Göttingen 1965

Guillon, André | Aspects de la civilisation byzantine
in: Annales E.S.C. 24 1969 S. 1149 ff.

Hambis, Louis | Le voyage de Marco Polo en Haute Asie
in: Oriente Poliano
aaO S. 173 ff.

Hennig, Richard | Terrae incognitae.
Eine Zusammenstellung und kritische
Bewertung der wichtigsten
vorcolumbianischen Entdeckungsreisen an
Hand der darüber vorliegenden
Originalberichte
Bd 3 Leiden 2.verb.Aufl. 1953

Hart, Henry | Venezianischer Abenteurer
Bremen oJ (1959)

Heyd, Wilhelm — Geschichte des Levantehandels im
Mittelalter
2 Bde Stuttgart 1879

Hofmeister, Burkhard — Stadtgeographie
Braunschweig 1969

Huygens, R.B.C. — Guillaume de Tyr étudiant
in: Latomus 21 1962 S. 811 ff.

Knoch, Peter — Studien zu Albert von Aachen
Stuttgart oJ (1966)
(Stuttgarter Beiträge zu Geschichte und
Politik 1)

Köhler, Günther — Siedlungs- und verkehrsgeographische
Fragen Nord-Chinas
in: Verhandlungen des deutschen
Geographentages 28 1951 S. 277 ff.

Krey, A.C. — William of Tyre. The Making of an Historian
in the Middle Ages
in: Speculum 16 1941 S. 149 ff.

Lavedan, Pierre — Représentation des Villes
dans l'Art du Moyen Age
Paris 1954

Lelewel, Joachim — Géographie du Moyen Age
5 Bde u. Atlas
Amsterdam 1966 (Nachdr. v. 1852-57)

Manitius, Max — Geschichte der lateinischen Literatur des
Mittelalters Bd 3
München 1931

Mayer, Hans Eberhard — Geschichte der Kreuzzüge
Stuttgart usw oJ (1965)

Mellaart, James — Earliest Civilisations of the Near East
London 1965

Meyer, Hans

Grenzen, Aussichten und Methoden der
Auswertung des Städtebildes für die
Geschichtsforschung
in: Historische Zeitschrift
150   1934 S. 306 ff.

Müller, Werner

Die heilige Stadt
Stuttgart   oJ   (1961)

Narr, Karl J.

Frühe stadtartige Siedlungen
Fragen der Begriffsbestimmung
in: Studien zur europäischen Vor- und
Frühgeschichte
Neumünster 1968 S.373 ff.

Olschki, Leonardo

Marco Polo's Asia
Berkeley u. Los Angeles 1960

ders.

Marco Polo, Dante Alighieri
e la cosmografia medievale
in: Oriente Poliano   aaO S. 45 ff.

Oriente Poliano

Studi e conferenze tenute all'Istituto Italiano
 per il medio ed estremo Oriente in
Occasione del VII centenario della nascita
di Marco Polo (1254 - 1954)
Rom 1957

Orlandini, G.

Marco Polo e la sua famiglia
in: Archivio Veneto-Tridentino IX
1926 S. 1 ff.

Ost, Franz

Die altfranzösische Übersetzung der
Geschichte der Kreuzzüge Wilhelms von
Tyrus
Diss phil Halle 1899

Passarge, Siegfried

Stadtlandschaften im arabischen Orient
in: Passarge, Siegfried (Hrsg)
Stadtlandschaften der Erde Hamburg 1968
 (Nachdr. von 1930)   S. 71 ff.

Probst, Herrmann

Die geographischen Verhältnisse Syriens
und Palästinas nach Wilhelm von Tyrus,
Geschichte der Kreuzzüge 2 Bde
Leipzig 1927

Prutz, Hans

Studien über Wilhelm von Tyrus
in: NA 8 1883   S.93 ff.

ders.

Kulturgeschichte der Kreuzzüge
Innsbruck 1883

Röhricht, Reinhold

Geschichte der Kreuzzüge im Umriß
Innsbruck 1893

ders.

Bibliotheca Geographica Palaestinae
verb.u.verm.Aufl.
hrsg.v. Amiran, David
o0 (Jerusalem) 1963

Rölleke, Heinz

Die Stadt bei Stadler, Heym und Trakl
o0 oJ (Berlin 1966)
(Philolog.St.u.Qu. Heft 34)

Sastri, K.A.Nilakanta

Marco Polo on India
in: Oriente Poliano
aa0   S. 111 ff.

Schafer, Edward

A fourteenth century gazeteer of Canton
in: Oriente Poliano aaO S. 67 ff.

Schmitthenner, Heinrich

Die chinesische Stadt
in: Passarge, Siegfried (Hrsg)
Stadtlandschaften der Erde
Hamburg 1968 (Nachdr.v. 1930) S. 85 ff.

Schöller, Peter (Hrsg)

Allgemeine Stadtgeographie
Darmstadt 1969 (WdF 181)

Spuler, Bertold

La situation de l' Iran à
l'époque de Marco Polo
in: Oriente Poliano aaO S. 121 ff.

Stoob, Heinz	Minderstädte, Formen der Stadtentwicklung im Mittelalter in: Vjs f. Sozial- und Wirtschaftsgeschichte 46 1959 S. 1 ff.
Witzel, Hans Joachim	Der geographische Exkurs in den lateinischen Geschichtsquellen des Mittelalters Diss phil Frankfurt/M. 1952
Yule, Sir Henry	Cathay and the way thither bearb.v.Cordier, Henri 4 Bde Nendeln 1967 (Nachdr. v. 1913-16)

www.ingramcontent.com/pod-product-compliance
Lightning Source LLC
Chambersburg PA
CBHW081655270326
41933CB00017B/3181